ファイナンスへの無形資産価値評価モデル

YAMAGUCHI Tomohiro
山口智弘

日本評論社

まえがき

　人口減少を迎えるわが国にとって豊かな社会を継続するためには生産性向上，無形資産の拡充が鍵となる．無形資産の拡充を図るためには，価値を評価する必要があるが，文字通り無形の見えざる資産であり容易ではないため，研究課題として取組んできた．また，知識経済の進展に伴い，企業の収益の源泉として有形資産のみならず，無形資産の重要性が増している．したがって，企業へ投資する上でも無形資産価値の評価が欠かせなくなっている．本書では，長年クオンツのファンドマネジャーとして企業への投資を行ってきた実務上の知見を取込み，資産運用業務に適用可能な形で無形資産価値評価を論じている．したがって，本書の読者は資産運用の実務家を想定しているが，高等教育機関での演習用にも使用できるよう企図した．

　本書の内容としては，第1章「序論」で本書の背景と目的を論じ，第2章「既存研究」で既存の評価モデルを紹介し，本書で提案するモデルとの関連性について論じている．そして，第3章「無形資産価値評価モデルの構築」で本書の核となる各評価モデルについて，第4章「無形資産の効果向上」で無形資産の効果を高めるための情報開示や研究開発投資について示し，第5章「結論」で総括し今後の展望について論じている．

　本書の出版にあたり，公益財団法人日本証券奨学財団（Japan Securities Scholarship Foundation）の助成金を受けた．また，本書は東京工業大学イノベーション専攻へ提出した博士論文に加筆・修正して作成した．そして，本書の内容や意見は筆者個人に属し，所属先の見解ではない．

　本書の作成にあたり，東京工業大学の二宮祥一教授には研究上の助言はもとより，研究者としての姿勢についても指導を頂いた．東京工業大学の藤村修三教授，中野張准教授，辻本将晴准教授，仙石慎太郎准教授には，論文審査において，忍耐強い指導と助言を頂き，池上雅子教授にも貴重な示唆を頂いた．東京大学の武田史子准教授には研究構想を構築するにあたり，丁寧で親身となる助言を頂いた．広島大学の木島正明教授には京都大学大学院経済学研究科と大和証券グループとの共同研究において貴重な指導を頂き，一橋

大学の西出勝正教授にも貴重な助言を頂いた．法政大学の小椋正立名誉教授にはエコノメトリックスへの重厚な指導を頂き，修めた技術は全ての研究の要として活きている．また，勤務先である大和証券投資信託委託，三菱UFJ信託銀行，ニッセイアセットマネジメントでの運用実務の経験が，本書の基底をなしているが，同社及びその役職員の深い理解のもと，研究を続けることができた．そして，日本評論社には短いスケジュールでの困難な対応を頂き出版が実現した．また，身内である母，姉，妻の実家や妻，子の日々日夜の協力につき，ここに記し，永眠した父 山口信に本書を捧げることをお許し頂きたい．

　最後に，ここに記すことができなかった，ご支援を頂いた全ての方々に深謝の意を表す．

2019年3月

山口 智弘

目次

まえがき ... iii

第1章 序論 ... 1
- 1.1 研究の背景 ... 1
- 1.2 研究の目的 ... 3
- 1.3 本書の構成 ... 5

第2章 既存研究 ... 7
- 2.1 無形資産価値の評価アプローチ ... 7
- 2.2 既存の無形資産価値評価モデル ... 8

第3章 無形資産価値評価モデルの構築 ... 15
- 3.1 無形資産の定義 ... 15
- 3.2 コスト・アプローチ・モデル ... 17
- 3.3 インカム・アプローチ・モデル ... 38
- 3.4 リアルオプションを用いた残差アプローチ・モデル ... 49
- 3.5 パネル・データ・アプローチ・モデル ... 69
- 3.6 考察 ... 83
- 3.7 運用実務への応用 ... 87

第4章 無形資産の効果向上 ... 105
- 4.1 開示と株価動向 ... 105
- 4.2 開発の平均情報量と収益性 ... 118

第5章 結論 ... 145
- 5.1 本書のまとめ ... 145

	5.2 今後の展望 …………………………………………	148

参考文献 　　149

索引 　　161

第1章

序論

本章では無形資産価値の様々な評価手法検証の必要性を示し，市場における評価尺度となるべく無形資産価値評価モデルを構築し検証することについて，研究の背景，目的，構成として述べる．

1.1 研究の背景

企業活動において，有形資産のみならず，技術，ブランド，人的資産といった無形資産の重要性が叫ばれて久しい．有形資産への投資であるわが国製造業の設備投資について，1991年度以降2014年度まで年換算3%程度減少しているのに対して，主要な無形資産投資である研究開発投資は年換算2%程度増加し投資額も拮抗している(経済産業省 2014)．企業は成長・競争力強化に向けて，製造業は研究開発，非製造業は人的資本への投資と無形資産の重要度が増すと考えている(日本政策投資銀行 2015)．また，政府は2002年に知的財産基本法を公布，翌年知的財産戦略本部を設置，2015年に知的財産推進計画2015を定め知財戦略の推進を図っている．2011年度の経済財政白書(経済産業省 2011)において無形資産の重要性を示し，官民ともに知的財産を含む無形資産に対する取組みを強めている．

一方，無形資産の重要性が高まるといった知識経済が進展する中，一般的な会計情報の有用性低下への懸念が多く示されている(Rimerman 1990, Elliott and Jacobson 1991, Jenkins 1994, Nakamura 1999)．そして，有用性低下の原因の一つとして，無形資産がオンバランスされていないためと指摘されている(Lev and Zarowin 1999)．

現在，わが国の会計制度には，無形資産に係る包括的な会計基準は存在せず，無形資産の財務諸表への計上は，第三者から取得した法的な所有権といった，ごく一部に限られており，自己で創設した無形資産の計上は原則的

には認められていない．また，米国の会計制度においても，自己創設の無形資産のオンバランスは認められておらず，企業合併に際して契約・法的基準，あるいは分離可能性基準といった特定の基準を満たしている場合のみ資産計上される．また，国際会計基準においても，自己創設の無形資産のオンバランスは特定の基準を満たす必要があり，また企業合併に際して米国会計制度と同様の基準を満たす必要がある．したがって，わが国の会計制度のみならず世界的にも，無形資産は一部の資産計上に限られているといえる．

知識経済の進展が叫ばれ無形資産の重要度が高まるものの，オンバランス化されず見えざる資産である，無形資産の価値評価手法の確立は急務であるといえよう．しかしながら，いまだ具体的評価手法に関してコンセンサスが得られているとはいえず，議論の礎となるべく様々な評価手法の検証が必要である．

また，企業や投資家が短期的な利益を追求する，ショート・ターミズム(短期志向)問題の解決について，2008年の金融危機以降，より重要な課題となっている．ショート・ターミズムによって，企業や投資家が短期的な利益を追求することにより，最終的に企業価値や運用パフォーマンスの毀損をもたらすことが懸念されている．そこで，投資家においては，無形資産に着目したサスティナブル投資が重要視されている．

そして，無形資産の重要性が高まるといった知識経済が進展する中，わが国が人口減少社会を迎えるという構造的な要因からも，生産性を高めるため無形資産価値向上が求められている．投資家にとって無形資産の価値向上を企業に促すような中長期的な投資や，成長の源泉である無形資産に基づく投資による運用パフォーマンスの向上も期待されている．

これらの取組みについては官民あげて進めれられており，経済産業省は2016年に持続的成長に向けた長期投資(ESG・無形資産投資)研究会を設置し，企業や投資家の意見を踏まえESG・無形資産に着目した投資やサスティナブルな企業価値向上を促進する．

また，世界最大のアセットオーナーである年金積立金管理運用独立行政法人(GPIF)は，2015年に国連のESG投資への指針であるPRI(Principles for Responsible Investment)に署名し，2016年に長期的なリターン改善効

果を期待し，ESG 指数を公募した．ESG は環境・社会・ガバナンスへの企業の取組みであるが，企業の ESG 活動が生み出す価値はオンバランスされておらず，無形資産といえる．ESG 投資は 2014 年に世界で 21 兆ドルに達しており (Global Sustainable Investment Alliance 2015)，GPIF の取組みもありわが国でも拡大する可能性がある．以上の通り，わが国において無形資産に基づく投資への期待が高まっている．したがって，投資家にとって企業へ投資する際の評価尺度となる，無形資産価値を評価する手法の構築は重要な課題となっている．

1.2 研究の目的

　無形資産の資産計上については，世界的にも重要性が大きく認識されている．2009 年に国際連合で合意された国民経済計算の最新の国際基準である，2008 年版国民勘定体系 (2008SNA) において，従来中間消費として扱われていた研究開発投資を，知的財産生産物として資本形成と見なすことになった．2008SNA は豪州をはじめに各国での導入が進み，2013 年は米国，2016 年にわが国で導入される．各国では研究開発投資の資産計上に伴い，3% 程度 GDP を押上げる要因になったとされており，わが国においても同様のインパクトが見込まれる．したがって，無形資産の資産計上については，主要な無形資産投資である研究開発投資から，個別企業に先行しマクロベースにおいて実施されることになる．

　尚，無形資産に対する個別企業ベースの情報開示に関しては，わが国では経済産業省 (2005) が知的資産経営の開示ガイドラインを示し，世界的にも知的資産の情報開示に関して様々な取組みはなされている (Mourtisen et al. 2005, Nielsen and Madsen 2009)．しかしながら，無形資産はオフバランスであるため情報開示は十分とはいえない．本書においては，オフバランスであるミクロベースと資産計上するマクロベースにおいて情報開示に乖離がある中，投資家をはじめとするステークホルダーにとって実務的にはより重要度の高い個別企業ベースの無形資産価値評価手法について検証する．

　そして，企業の成長の源泉である無形資産に基づく投資による運用パフォーマンスの向上が期待される中，市場における評価尺度となるべく無形

資産価値評価モデルを構築する．尚，市場においてはフェア・ディスクロージャー・ルールが浸透しつつあり，公表されている公平な開示情報から投資判断を行うことが求められている．フェア・ディスクロージャーとは投資判断に影響する重要情報は公平・公正に開示し，第三者への選択的開示を行ってはならないとする，市場発展のための普遍的な原則である．2000年の米国レギュレーション FD(Regulation Fair Disclosure)，2003年の EU 市場阻害行為 (Market Abuse Directive) と規制の導入が進められており，2016年には金融庁がわが国の規制案を公表し金融商品取引法改正を経て導入される見込みである．したがって，本書においては一般に公開されているフェアな財務データを用いて，市場における評価尺度となるべく無形資産価値評価モデルを構築することを目的とする．

また，本研究の究極の目的としては，運用業務に利用可能な結果を得ることである．すなわち，投資家の視点から参考となる結果を得る，既存研究の内容を実運用で利用可能とするよう一般化，運用実務で応用しやすいモデルの開発，新しい運用指標や運用戦略を導出，最終的には研究結果に基づき新ファンドを開発，既存ファンドの改良に結びつくことを目指す．無形資産の代表的な評価アプローチとしては，コスト，マーケット，インカム・アプローチがある (Reilly and Schweis 1999, Smith and Parr 2000)．本書においては，これらのアプローチに基づき，市場における評価尺度となるべく運用業務に利用可能な 4 つのモデルを構築する．

尚，無形資産価値評価モデルを運用業務で用いるためには，まず評価対象企業のカバレッジを高める必要がある．株式運用で運用パフォーマンスを高めるためには，一般的には期待収益率を予測する銘柄数 (Breadth) を拡大する必要がある (Grinoid 1989)．本書においては，公開された財務データを用いて，4 つのモデルの何れかの利用により，大部分の企業で一定の無形資産価値を推定可能とする．コスト・アプローチ・モデルやインカム・アプローチ・モデルは研究開発費，広告宣伝費，原価部分を上回る人件費である超過人件費といった無形資産投資を計上する企業，リアルオプションを用いた残差アプローチ・モデルは株価が評価されている企業，パネル・データ・アプローチ・モデルは資本，労働といった生産要素が計上されている企業は

無形資産価値の推定が可能であり，少なくとも全上場企業のバリュエーションは可能となる．したがって，財務データが非公開の非上場企業や財務データが存在しないスタートアップ時の企業は直接的には推定できず，財務データ推計による対応が必要である．

投資家にとって無形資産に基づく中長期的なサスティナブル投資や，企業の成長の源泉として無形資産が重要となる中，無形資産に基づく運用による運用パフォーマンス向上が期待されている．したがって，本書においては市場の評価尺度となるべく無形資産価値評価モデルを構築する．個別企業ベースの一般的に公開されている財務データを用いて，4つのモデルによりカバレッジが高く，求解が困難ではなく取扱いやすい，運用実務で利用可能なモデルである．

1.3　本書の構成

本書は，次の5章で構成されている．

第1章では序章として，無形資産価値の様々な評価手法検証の必要性を示し，市場における評価尺度となるべく無形資産価値評価モデルを構築し検証することについて，研究の背景，目的，構成として述べる．

第2章では既存研究として，無形資産価値の主な評価アプローチと，各アプローチに基づいた既存の評価モデルについて示し，本書で構築する評価モデルとの関連性についても述べる．

第3章では無形資産価値評価モデルとして，コスト・アプローチ，インカム・アプローチ，リアルオプションを用いた残差アプローチ，パネル・データ・アプローチに基づく4つの評価モデルを構築し，実証分析を行うとともに，各モデルの合成や今後の課題についても述べる．

第4章では無形資産の効果向上について，無形資産情報の開示と株価動向，研究開発投資の平均情報量と収益性について述べる．

第5章では結論として，本書で構築した各無形資産価値評価モデルや無形資産の効果向上について総括し，今後の展望についても述べる．

第2章
既存研究

本章では無形資産価値の主な評価アプローチと，各アプローチに基づいた既存の評価モデルについて示し，本書で構築する評価モデルとの関連性についても述べる．

2.1 無形資産価値の評価アプローチ

無形資産価値の主な評価アプローチとしては，コスト，マーケット，インカム・アプローチがある (Reilly and Schweis 1999, Smith and Parr 2000)．

コスト・アプローチとは，無形資産を創設するために必要な費用で評価する手法である．過去に実際に負担した費用，または同等の資産を再び創設するために必要な費用を見積もる手法がある．尚，過去の費用を用いる場合，陳腐化による減価償却費を推計する必要があるが，容易ではない．また，コスト・アプローチは，資産が実際にもたらす収益を考慮していないといった問題点もある．次にマーケット・アプローチとは，無形資産が市場で取引される価格で評価を行う手法である．直接的で客観的な手法であるが，活発な市場が存在し，比較可能な資産が，公正な価格で取引されていることが前提となる．そして，インカム・アプローチとは，無形資産が生み出す将来の利益を現在価値に割引く手法である．将来の便益を反映しており定性的に優れているが，将来の利益を推計することは容易ではない．

既存の無形資産評価の殆どは，これらのアプローチを基にして行われている (Smith and Parr 2000)．例えば，Lev and Sougiannis (1996) は研究開発資産を評価しているがコスト・アプローチに，Interbrand (1997) はブランド評価で知られているが，インカム・アプローチに基づいている．また，伊藤・日経 (2002) の企業のブランド価値を求める CB バリュエーターと呼ばれるモデルは，株式時価総額とアンケート調査や財務データによりブラン

ドに起因する MVA(Market Value Added) を算出するが，市場が評価する価値に基づいているため，マーケット・アプローチを応用したものと考えられる．

また，その他の代表的な評価アプローチとして，リアルオプション・アプローチや，パネル・データ・アプローチがある．リアルオプション・アプローチはオプション価格理論を適用した評価アプローチであり，Black-Sholes モデルを用いたモデルが考案されている．また，パネル・データ・アプローチはパネル・データを用いた計量分析手法であるパネル分析による，企業毎の見えざる固有の効果を用いた評価手法である．

本書においては，これらの評価アプローチに基づいた，無形資産価値評価モデルを構築する．公表されている財務データを用いた実務的にも応用しやすいモデルとし，実証分析による検証も行う．次節にこれらの評価アプローチに基づいた既存の評価モデルについて示し，本書で構築する評価モデルとの関連性についても述べる．

2.2　既存の無形資産価値評価モデル

2.2.1　コスト・アプローチ

2.2.1.1　研究開発資産評価モデル

Lev and Sougiannis (1996) は，研究開発資産評価モデルを考案した．会計上は費用として計上されることが多い研究開発投資を，技術知識のストックとして評価するモデルである．モデルの構造は，研究開発費を成果発現率より求めた減価割合で減価し，成果発現期間に応じて累和することにより研究開発費を資産化する．成果発現率と成果発現期間は，生産関数の説明変数にラグを含めた研究開発費と広告宣伝費を追加して推計し，研究開発費に対する係数とラグの期間によって求める．

そして，業種別に実証分析より研究開発費の一定の成果発現期間を示すことによって，研究開発費に対する資産性を示した．また，資産化を反映させた利益や自己資本に価値関連性が高まることを示し，実務的にも無形資産価値の評価が有益であることを示唆した．したがって，Lev and Sougiannis (1996) が示したモデルはコスト・アプローチをベースとする代表的なモデル

であるとともに，無形資産価値評価の重要性をも示した．

本書において構築するコスト・アプローチに基づく評価モデルは，Lev and Sougiannis (1996) の考え方を応用したモデルである．研究開発資産評価モデルは，研究開発資産のみを対象として評価するが，本書のモデルでは技術に関する資産である研究開発資産の他，組織に関する資産として，ブランド力に近いストックである広告宣伝資産，人に関する資産として，人的な能力のストックである人的資産の3つの要素の資産価値評価を組合せる．また，成果発現率が負と推計された場合の取扱いといった，実務上発生し得る留意点への対応も示している．

2.2.1.2 国民経済計算

2008年版国民勘定体系 (2008SNA) において研究開発費の資産化を行うが，研究開発費について経済的利益をもたらすとして総固定資本形成と見なすため，コスト・アプローチによる資産化と考えられる．

尚，研究開発費の資産化にあたって，成果発現期間は一般的には10年から20年程度とされており (OECD 2010)，わが国においても11年や15年の期間の減価率は定率法の使用が検証されている (内閣府 2010)．そして，使用する研究開発費のデータについて，各国の技術統計調査を用いているが，四半期データについては米国では上場企業の財務諸表データを用いており，わが国においても同様にミクロデータの使用も検討されている (外木他 2014)．

したがって，無形資産価値についての公の情報開示としては，マクロベースがミクロに先行したが，資産化の考え方としては，個別企業ベースの Lev and Sougiannis (1996) に代表されるコスト・アプローチと同様であるといえよう．

2.2.2 インカム・アプローチ
2.2.2.1 経済産業省のブランド価値評価モデル

経済産業省 (2001) のブランド価値評価委員会は，インカム・アプローチに基づき，一般に公開されている財務データを用いる，ブランド価値評価モデ

ルを考案した．

このモデルでは，ブランド価値は企業がブランドによって永続的に享受すると考えられるキャッシュフローを割引くことにより求められる現在価値と定義される．キャッシュフローは，プレステージドライバー PD，ロイヤリティドライバー LD，エクスパンションドライバー ED の積とされる．まず，PD はブランドによる価格優位性を示す指標である．そして，LD はブランドよって，長期間にわたり一定の安定した販売量が確保できることを示す指標である．LD を PD に乗じることにより販売量の安定性に係るリスクを織込んだブランド起因キャッシュフローが求められる．また，ED は異業種，海外への進出度合いによって示される，ブランドの拡張力を示す指標である．ED を PD に乗じることにより，ブランド拡張による期待成長を織込んだブランド起因キャッシュフローが求められる．

そして，PD，LD，ED によって求められた期待キャッシュフローを割引くことによりブランド価値が求められる．

2.2.2.2 Interbrand 社のブランド価値評価モデル

英国において 1988 年に食品会社の RHM 社が，世界で初めてブランド価値を財務諸表に資産計上した．英国のコンサルタント会社である Interbrand (1997) 社はブランド価値評価モデルを考案したが，RHM 社のブランド価値を評価したのが Interbrand 社である．

このモデルでは，ブランド価値はブランドによってもたらされるブランド利益を，セグメント毎にブランド力を反映した割引率で割引いた現在価値の総和と定義される．ブランド利益は，経済的利益にブランド役割係数を乗じることで求められる．そして，経済的利益は無形資産を含む総使用資産から得られる利益である NOPAT(税引後営業利益) から，投下資本から得られる利益である資本コストを差引くことにより求められ，EVA(Economic Value Added) ともいわれている．そして，ブランド役割係数とは，消費者の購買決定にあたってのブランドの貢献度である．消費者の購買決定選択要因毎に，ブランド力が及ぼす影響度を，企業経営陣や分析対象事業の主要マネジャーへのインタビュー，マーケット・リサーチといった独自調査の結果

を用いて測定することにより求められる．

次に，ブランド力分析を行い，ブランド力を反映した割引率を算出する．まず，将来のブランド利益に対するリスクを見積もるが，ブランド力が大きいほどリスクは小さくなる．ブランド力をブランド役割係数と同様に企業経営陣や分析対象事業の主要マネジャーへのインタビュー，マーケット・リサーチといった独自調査の結果を用いて，7つの独自な指標により測定する．ブランド力を反映したリスク調整後割引率は，収集された過去の両者のデータを分析して導かれる．そして，ブランド価値はブランド利益を，ブランド力を反映した割引率で割引くことにより求められ，ブランドセグメント毎の価値を総和する．

尚，本書において構築するインカム・アプローチに基づくモデルは，このモデルが用いている経済的利益を，無形資産全体からもたらされる利益と考えてモデル化する．

2.2.3　マーケット・アプローチ
2.2.3.1　CB バリュエーター

無形資産が市場で取引される場合の価格から評価する手法が，マーケット・アプローチである．したがって，株式時価総額から自己資本を控除した残差である MVA を無形資産の価値として評価する手法である，残差アプローチもマーケット・アプローチであるといえる．

残差アプローチを用いた手法としては，ブランドに起因する MVA を算出しブランドの価値を評価する伊藤・日経 (2002) の CB バリュエーターがある．アンケート調査と財務データから，企業のブランド力を表す「CB スコア」，ブランド力をキャッシュフローの創造に結び付ける力である「CB 活用力」，それらを価値に転換する機会を示す「CB 活用機会」を求め，それらを株式時価総額に乗じることによってブランドに起因する MVA を算出する．

尚，本書において構築するマーケット・アプローチに基づくモデルについても，残差アプローチを応用するモデルである．次項に述べる通り，MVA を用いてオプション価格理論を適用したモデルであり，リアルオプション・アプローチとマーケット・アプローチを組合せた評価モデルを提示する．

2.2.4 その他のアプローチ
2.2.4.1 リアルオプション・アプローチ

研究開発投資の価値評価モデルとして，McDonald and Siegel (1986) の投資機会オプション価値評価モデルがある．Dixit and Pindyck (1994) は投資機会オプションとは，事業価値が幾何ブラウン運動に従うとして，投資費用よりも十分に大きい場合に投資することができるといった権利であり，投資コールオプションとする．リアルオプションの嚆矢となった Myers (1977) と同様の考えである．そして，Luehrman (1997) は研究開発投資とは，現在事業からのキャッシュフローはなくとも，状況変化によって後に再び投資するための機会への投資であり，研究開発の投資額や種類の決定は，機会を価値評価することとしている．また，Ellis (1997) は，結果が予想以上に悪くなった場合，当初支払った研究開発投資額の他に費用が掛からないため，不確実性の高い応用研究はオプションの特性と非常に近いとしている．

また，特許権の価値評価モデルとしては，Kossovsky et al. (2002) の TRRU メトリクスがある．技術を原資産とするコールオプションの価値を，特許権の価値とする．権利行使価格を特許権の使用により製品化する場合に必要な費用，満期までの期間を製品化に必要な期間として，Black and Scholes (1973) の Black-Sholes モデルにより価値を評価する．尚，原資産である技術の価値は，単一技術に特化した小規模企業であるピュアプレイ企業の MVA を，その技術の価値として，特許権の技術に類似する技術の価値を用いる．

既存のリアルオプション・アプローチによる評価モデルは，無形資産への投資を将来の事業化への投資機会獲得として価値を評価している．一方，本書においては，無形資産への投資を必要な見えざる資産を確保するための投資として，MVA を原資産とするオプション価格理論を適用した評価モデルを構築する．

2.2.4.2 パネル・データ・アプローチ

パネル・データを用いた評価アプローチは，パネル分析による企業毎の見えざる固有の効果を用いた評価手法である．生産関数をパネル分析といった

汎用性の高い計量分析手法で推計することによる，シンプルな考え方に基づいている．Motohashi (2005) は生産関数のパネル分析において企業毎に固有の効果は，経営者の管理能力，従業員のモチベーションや技術革新能力といった見えざる資産を表すとしている．Lev and Radhakrishnan (2003) がモデル化した後，Ramirez and Hachiya (2008)，Ramirez and Hachiya (2006a;2006b)，Sadowski and Ludewig (2003) が応用した分析を行っている．

Lev and Radhakrishnan (2003) は売上成長を資本，労働に研究開発資産を合わせた生産要素の成長で説明する生産関数を定義して，全要素生産性成長率を組織資産の成長として，パネル分析によって推計し，固定効果を組織資産の成長として組織資産がもたらす売上高を求めている．尚，経済産業省 (2004a) は同様の手法によってわが国企業の組織資産がもたらす売上高を求めている．そして，Ramirez and Hachiya (2008) は同じく売上成長を被説明変数として研究開発資産や広告費を含む生産要素の成長を説明変数，販売費及び一般管理費や売上総利益の成長とその他のコントロール変数からなる生産関数の固定効果を組織資産の成長としている．

また，Ramirez and Hachiya (2006a;2006b) は売上高及び株式時価総額を，研究開発資産を含む生産要素と販売費・一般管理費とその他のコントロール変数で説明するモデルをパネル分析によって推計し，固有効果を組織資産の効果としている．そして，Sadowski and Ludewig (2003) は付加価値を被説明変数として，資本や労働といった生産要素や人的資本やソーシャル・キャピタルとその他のコントロール変数を説明変数とする生産関数において全要素生産性を組織資本の効果として，パネル分析によって推計し，固定効果を組織資産の効果として組織資産がもたらす付加価値を求め，これを無リスク利子率で割引くことによって資産価値としている．

尚，本書において構築するモデルも，同様に企業毎の固定効果を無形資産の効果とし，無形資産がもたらすフローを割引くことによってストックとしての評価を行う．しかしながら，本モデルは無形資産がもたらす付加価値及び費用を割引くことにより，企業価値としての資産評価を行うことが既存モデルとの主な違いである．

第3章
無形資産価値評価モデルの構築

本章においては,コスト・アプローチ,インカム・アプローチ,リアルオプションを用いた残差アプローチ,パネル・データ・アプローチに基づく4つの無形資産価値評価モデルを構築し,実証分析を行う.

3.1 無形資産の定義
3.1.1 無形資産の定義

まず,無形資産の定義についてであるが,様々な見解がある.例えば,SFAS142では「物的実態をもたない金融資産以外の資産で,のれん以外の無形資産」,ISA38では「非物理的資産,識別可能性,非貨幣性資産,企業による支配,将来の経済的便益の流入の5つの要件を満たす資産」であるが,統一されているものではない.本書では「将来的に利益をもたらす可能性のある,金融資産を除いた実物資産以外の資産」を無形資産と定義する.したがって,特許権,実用新案権,意匠権,商標権とする工業所有権を含む知的財産のみならず,法的な権利の有無は問わず,研究開発成果,ノウハウ,アイデアといった知的資産,ブランド,組織力,人材に至るまで,広く包括的に無形資産であるとする.尚,本書ではのれんや無形固定資産といったオンバランスされている資産は便宜的に実物資産と同列に扱う.

3.1.2 無形資産の分類方法

また,無形資産の分類方法についても,様々な見解がある.例えば,Sveiby (1989) は無形資産を「顧客資本」(顧客基盤,顧客情報),「構造資本」(組織規範,組織風土),「人的資本」(リーダーシップ,ノウハウ,人材) に分類した.また,スウェーデンの保険会社である Skandia (1998) 社は知的資本を「顧客資本」,「組織資本」,「人的資本」の3要素に区分し,それらの要素を更に

詳細な要素に区分することにより，知的資本を重視する経営を行っている．

Lev (2001) は無形資産の要因として「新発見，イノベーション力」，「組織デザイン」，「人的資源」に分類しているが，ブランドがイノベーションと組織構造とが組合さることにより創出されるケースが少なくないように，無形資産はこれらの要因の組合せによって創出されるとしている．分類方法の見解は多様であるが，概ね「技術」，「組織」，「人」の3つの概念を核とする議論となっている．以下の理由から，本書においても無形資産はこの3要素を踏まえるとする．

付加価値 Q の成長は (3.1) 式のソロー・モデル (Solow 1957) では，資本 K の成長，労働 L の成長，全要素生産性 A の成長に分けられる．ここで，α は資本分配率，$(1-\alpha)$ は労働分配率である．計測可能である付加価値の成長から資本，労働といった生産要素の成長を差引くことによって求められる，残りの計測不可能な全要素生産性の成長こそ，見えざる価値である無形資産の成長であると考えられる．

$$\frac{\Delta Q}{Q} = \alpha \frac{\Delta K}{K} + (1-\alpha) \frac{\Delta L}{L} + \frac{\Delta A}{A}. \tag{3.1}$$

全要素生産性には，生産要素である資本，労働に対する資本生産性，労働生産性が含まれる．資本生産性は，生産設備といった資本ストックの生産性であり技術力を，労働生産性は労働力の生産性であり人的能力を表す．また，生産活動は資本，労働のみでは不可能である．見えざる要素であるが，資本，労働とともに，それらを結び付け活かす組織こそ生産に不可分である．そこで，全要素生産性において，技術力，人的能力以外の部分を包括して組織力であると考える．したがって，本書において無形資産は「技術」，「組織」，「人」の3つを踏まえるとする (図 3.1)．

尚，これら3要素に分類はするが，明確に区分できない場合も多いと思われる．例えば，形式知であれば「技術」に区分できるが，暗黙知であれば「技術」「人」に跨る無形資産である．

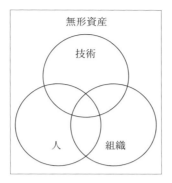

図 **3.1** 無形資産の分類

3.2 コスト・アプローチ・モデル

3.2.1 モデルの概念と詳細

本節では，コスト・アプローチに基づく無形資産価値評価モデルを構築する．無形資産への投資を減価割合で減価して，成果発現期間分累和することによって価値を評価するモデルである．

Lev and Sougiannis (1996) は研究開発資産評価モデルを考案した．会計上は費用として計上されることが多い研究開発投資を，技術知識のストックとして評価するモデルであり，コスト・アプローチをベースとしている．本書におけるコスト・アプローチに基づく無形資産価値評価モデルは，この Lev and Sougiannis (1996) のモデルの考え方を応用したものである．研究開発資産評価モデルは，研究開発資産のみを対象として評価するが，本書におけるモデルでは，(3.2) 式の通り各々企業 i の t 期における無形資産 $\mathrm{I}_{it}^{\mathrm{cost}}$ として，「技術」に関する資産である研究開発資産 $\mathrm{RC}_{it}^{\mathrm{cost}}$ の他，「組織」に関する資産として，ブランド力に近いストックである広告宣伝資産 $\mathrm{AC}_{it}^{\mathrm{cost}}$，「人」に関する資産として，人的な能力のストックである人的資産 $\mathrm{HC}_{it}^{\mathrm{cost}}$ の 3 つの要素の資産を組合せる．

$$\mathrm{I}_{it}^{\mathrm{cost}} = \mathrm{RC}_{it}^{\mathrm{cost}} + \mathrm{AC}_{it}^{\mathrm{cost}} + \mathrm{HC}_{it}^{\mathrm{cost}}. \tag{3.2}$$

研究開発資産，広告宣伝資産，人的資産は，研究開発費，広告宣伝費，超

過人件費を源泉とする．これらの費用はわが国の会計制度では当期に一括して計上されるが，成果は当期に留まらず，ラグ伴い発現すると思われる．成果発現により費やされた部分を減価した，残りの費用を累和して資産として評価することが，このモデルの基本的な考え方である．当期に費用計上されるため，会計上は全ての価値は埋没され見えないが，翌期以降利益をもたらす可能性があるストックであり，無形資産として評価する．

まず，企業 i の研究開発費 RD_i は (3.3) 式の通り t 期から研究開発費の支出時期と成果発現時期とのタイムラグ k を経て成果発現することにより，研究開発資産の減価割合 δ で減価しながら，研究開発資産として研究開発費の成果発現年数である p 年分累和される．企業は研究開発投資を行うことによって，研究開発や外部から技術を導入し技術知識を蓄積する．そして技術知識ストックが技術革新，新製品の開発を創出する．したがって，研究開発費は技術知識ストックの源泉であり，研究開発資産は技術に関する無形資産と考えられる．

$$\mathrm{RC}_{it}^{\mathrm{cost}} = \sum_{k=0}^{p-1} \mathrm{RD}_{i,t-k} \left(1 - \sum_{h=0}^{k} \delta_k\right). \qquad (3.3)$$

企業 i の広告宣伝費 AD_i も (3.4) 式の通り t 期から広告宣伝費の支出時期と成果発現時期とのタイムラグ l を経て成果発現することにより，広告宣伝資産の減価割合 γ で減価しながら，広告宣伝資産として広告宣伝費の成果発現年数 q 年分累和される．尚，広告宣伝は企業広告と製品広告に分類することができる．前者は企業イメージを高めるものであり，ブランドストックとしての性格を帯びる．後者も販売力という無形の組織力を高めるものであり，また，製品のブランド力を高める効果もある．したがって，広告宣伝費はブランド力や販売力の源泉であり，広告宣伝資産は組織に関する無形資産と考えられる．

$$\mathrm{AC}_{it}^{\mathrm{cost}} = \sum_{l=0}^{q-1} \mathrm{AD}_{i,t-l} \left(1 - \sum_{h=0}^{l} \gamma_h\right). \qquad (3.4)$$

また，超過人件費 EL とは，業種平均人件費を超過する人件費である．人件費が高いほど，能力が高い人材の獲得が可能である．業種平均人件費がその業種で通常の生産活動に必要な能力に対する労働コストの水準を示すと思

われる.つまり,業種の平均的な人件費の水準は生産要素としての労働力への対価の水準を表し,それを超過する費用は労働コストというよりも人的資産への投資と考える.したがって,超過人件費の累和は人に関する無形資産である人的資産になると考えられる.尚,超過人件費を求める場合,(3.5)式の通り従業員数で調整する.

$$
\begin{aligned}
\text{EL} &= 人件費 - 業種平均人件費 \\
&= 一人当り人件費 \times 従業員数 \\
&\quad - 一人当り業種平均人件費 \times 従業員数.
\end{aligned}
\tag{3.5}
$$

企業 i の超過人件費 EL_i も (3.6) 式の通り t 期から超過人件費の支出時期と成果発現時期とのタイムラグ m を経て成果発現することにより,人的資産の減価割合 β で減価しながら,人的資産として超過人件費の成果発現年数 r 年分累和される.

$$
\text{HC}_{it}^{\text{cost}} = \sum_{m=0}^{r-1} \text{EL}_{i,t-m} \left(1 - \sum_{h=0}^{m} \beta_h\right). \tag{3.6}
$$

このように,研究開発資産,広告宣伝資産,人的資産は,その支出時期と成果発現時期とのタイムラグである成果発現期間中の各支出を,減価割合で減価し,それらを累和して算出する.そして,(3.2) 式の通り研究開発資産 $\text{RC}_{it}^{\text{cost}}$,広告宣伝資産 $\text{AC}_{it}^{\text{cost}}$,人的資産 $\text{HC}_{it}^{\text{cost}}$ の価値を合計したものが,本書におけるコスト・アプローチによるモデルの無形資産価値 $\text{I}_{it}^{\text{cost}}$ とする.

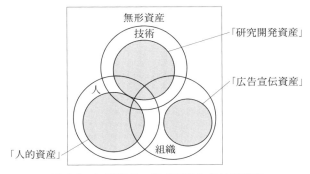

図 **3.2** 無形資産の構成要素と各無形資産

ここで，無形資産の構成要素と本モデルにおける各無形資産との関係をベン図で示す(図 3.2)．各構成要素を跨ぐ無形資産もある．例えば，研究開発によって蓄積された技術がプロセスに関する技術であれば研究開発資産は組織にも関わり，暗黙知であれば人にも関わる．人的能力が組織と結びついているのであれば，人的資産は組織にも関わる．

次に，減価割合と成果発現期間を推計する．ソロー・モデルからも，無形資産が成長することにより付加価値が成長すると考えられる．したがって，(3.7) 式の通り付加価値を被説明変数，労働，有形資産，無形資産を説明変数とする生産関数を定義する．

$$\text{付加価値} = f(\text{労働}, \text{有形資産}, \text{無形資産}). \tag{3.7}$$

企業 i, t 期における付加価値 Q_{it} を被説明変数として，定数項を c，企業 i の t 期における誤差項を ε_{it}^q，説明変数として企業 i, t 期における有形資産を TA_{it}，労働を業種平均人件費までの企業 i, t 期における人件費 LC_i，k, l, m をタイムラグとして，無形資産を各々企業 i, $t-k$, $t-l$, $t-m$ 期，成果発現年数 p, q, r 分の研究開発費 $RD_{i,t-k}$，広告宣伝費 $AD_{i,t-l}$，超過人件費 $EL_{i,t-m}$，各変数を企業 i, t 期における売上高 S_{it} でデフレートする (3.8) 式によって係数 a, b とタイムラグを推計する．係数 b_1，b_2，b_3 は研究開発費，広告宣伝費，超過人件費の成果発現率の推計値と考えられる．

$$\left(\frac{Q}{S}\right)_{it} = c + a_1\left(\frac{LC}{S}\right)_{it} + a_2\left(\frac{TA}{S}\right)_{it} + \sum_{k=0}^{p} b_{1,k}\left(\frac{RD}{S}\right)_{i,t-k}$$
$$+ \sum_{l=0}^{q} b_{2,l}\left(\frac{AD}{S}\right)_{i,t-l} + \sum_{m=0}^{r} b_{3,m}\left(\frac{EL}{S}\right)_{i,t-m} + \varepsilon_{it}^q. \tag{3.8}$$

研究開発費，広告宣伝費，超過人件費のタイムラグ k, l, m 期における減価割合 δ, γ, β は研究開発費，広告宣伝費，超過人件費に対する係数の推計値 $\hat{b}_{1,k}$, $\hat{b}_{2,l}$, $\hat{b}_{3,m}$ によって求めた成果発現率 $B_{1,k}$, $B_{2,l}$, $B_{3,m}$ を，(3.9)(3.10)(3.11) 式のようにウェイト付することにより求める．ここで，係数が負となる場合は，成果発現がなかったものと見なされ成果発現率は 0 とする．そして，研究開発費，広告宣伝費，超過人件費の付加価値に対する成果発現率が大きい期ほど，減価割合が大きくなる．

$$\delta_k = \frac{B_{1,k}}{\sum_k B_{1,k}}, \tag{3.9}$$
$$B_{1,k} = \max\left(0, \hat{b}_{1,k}\right), \ \sum_k \delta_k = 1.$$
$$\gamma_l = \frac{B_{2,l}}{\sum_l B_{2,l}}, \tag{3.10}$$
$$B_{2,l} = \max\left(0, \hat{b}_{2,l}\right), \ \sum_l \gamma_l = 1.$$
$$\beta_{\mathrm{M}} = \frac{B_{3,m}}{\sum_l B_{3,m}}, \tag{3.11}$$
$$B_{3,m} = \max\left(0, \hat{b}_{3,m}\right), \ \sum_{\mathrm{M}} \beta_m = 1.$$

尚，本書のコスト・アプローチ・モデルにおいて減価割合は先行研究である Lev and Sougiannis (1996) に倣い，(3.8) 式の通り付加価値と各無形資産投資のラグの関係を推計し係数を成果発現率として，(3.9)(3.10)(3.11) 式では合計を 1 となるようウェイト付し，(3.3)(3.4)(3.6) 式の通り減価割合を求めて累和して減価分を控除している．一方，(3.12) 式は研究開発資産の場合であるが，減価分を減価率として累積する方法も考えられ，今後成果発現率の推計方法と併せて検討したい．

$$\mathrm{RC}_{it}^{\mathrm{cost}} = \sum_{k=0}^{p-1} \mathrm{RD}_{i,t-k} \prod_{h=0}^{k} (1-\delta_k). \tag{3.12}$$

ここで，企業 i, t 期の $\mathrm{RC}^{\mathrm{cost}}$ は研究開発資産，RD は研究開発費，δ は減価率，k はラグ期，p は成果発現年数である．

また，各無形資産投資のラグの推計に先行研究と同じくアーモンラグ法を利用し係数が負になる場合を想定し，その際は成果発現率を 0 としている．係数を 0 以上とする制約を付与する方法や，分布ラグにはアーモンラグの他にも，線形的にラグウェイトが減少する Fisher (1936) の Short-Cut Method をはじめ複数の推計方法があり，今後の他の方法でも検討したい．

3.2.2 実証分析
3.2.2.1 使用するデータ

本モデルの実証分析について，データは日経 NEEDS-FinancialQUEST から取得した．金融を除く全上場企業のうちデータが揃う 1,327 社を対象とし，東証 33 業種の 18 業種に分類した．データ期間は 1994 年度〜2004 年

度，研究開発費のみ 1997 年度〜2004 年度とする，プールされたクロスセッション・データを用いた．研究開発費は 1999 年に「研究開発費等に係る会計基準」の適用を受け財務諸表へ総額の注記が義務付けられたが，データが入手できるのは概ね 1997 年以降である．

超過人件費を算出するための業種平均人件費は，労働市場全般の実態を反映したものとするため全上場企業の人件費 (人件費・労務費・福利厚生費) を用い求めた．成果発現期間，減価割合の推計には単独本決算，無形資産価値の算出には連結本決算のデータを用いたが，1999 年よりそれまでの個別・単体財務諸表から連結財務諸表が中心になったため，タイムラグ，減価割合の推計にはデータ数が揃う単独ベースのデータを用い，無形資産価値の算出には連結の価値を評価するため連結ベースのデータを用いた．また，連結データ欠損値については，単独で補正する修正を行った．

3.2.2.2　成果発現期間・減価割合の推計

まず，(3.8) 式から，業種毎に成果発現期間と成果発現率を推計する．本推計において，付加価値は営業損益，人件費 (人件費・労務費・福利厚生費)，減価償却費，研究開発費，広告宣伝費の総和とする．研究開発費，広告宣伝費は原材料であるとして付加価値に含めないケースが多いが，本モデルではともに資本への分配であると考え含めることとする．有形資産は建設仮勘定を差引いた有形固定資産とオンバランスされている無形固定資産の和とした．

また，推計には多重共線性の問題を回避するため，Lev and Sougiannis (1996) と同様にアーモンラグ法を用いた．研究開発費，広告宣伝費，超過人件費の係数は，長期から短期のラグまで，高次から低次の次数まで順次推計した．労働者の平均勤続年数は概ね 10 年前後であるが (厚生労働省 2006)，超過人件費は勤続年数を超える成果発現は考えられない．また，ラグの増加はサンプル数減少をもたらすこともあり，超過人件費はラグの期間 10 年から推計し，同じく広告宣伝費もラグの期間は 10 年から推計した．研究開発費についてはデータ制約上，ラグの期間は 7 年から推計した．尚，ラグの期間 > 多項式の次数とする．各々の t 値が高く，包括的に見ても F 値が高く，

3.2 コスト・アプローチ・モデル　23

表 3.1　成果発現期間と減価割合の推計結果

		建設業					食料品					繊維製品			
層		RD	AD	EL	LC	TA	C	RD	AD	EL	LC	TA	C	RD	AD	EL	LC	TA	C
0		-1.202	4.198	1.048	0.893	0.035	0.031	1.982	0.985	0.178	0.831	0.123	0.015	1.789	-0.219	-0.027	1.079	0.051	0.008
		(-2.437)	(2.450)	(3.876)	(23.494)	(4.642)	(6.059)	(5.088)	(2.011)	(0.555)	(16.682)	(11.077)	(2.021)	(4.667)	(-0.337)	(-0.115)	(13.409)	(2.977)	(0.432)
		0.000	0.592	0.774				0.726	0.884	0.195				0.582	0.000	0.000			
1		-0.749	-2.706	0.306				0.504	0.129	0.732				0.253	0.250	0.051			
		(-2.326)	(-2.415)	(1.154)				(2.011)	(-0.262)	(2.270)				(1.093)	(1.099)	(0.359)			
		0.000	0.592	1.000				0.911	1.000	1.000				0.664	0.116	0.049			
2		-0.297	-3.141					-0.278						-0.590	0.719	0.130			
		(-1.870)	(-2.482)					(-0.756)						(-1.661)	(-2.497)	(-2.309)			
		0.000	0.592					0.911						0.664	0.449	0.174			
3		0.156	2.894					-0.365						-0.741	1.188	0.209			
		(1.812)	(2.135)					(-1.887)						(-2.418)	(1.655)	(-3.268)			
		0.085	1.000					0.911						0.664	1.000	0.374			
4		0.608						0.244						-0.200		0.288			
		(2.707)						(0.442)						(-1.029)		(-1.885)			
		0.419						1.000						0.664		0.649			
5		1.061												1.033		0.366			
		(-2.700)												(1.654)		(1.487)			
		1.000												1.000		1.000			
6																			
7																			
ラグ期間		5	3	1				4	1	1				5	3	5			
次数		1	2	1				2	1	1				2	1	1			
		F 値		自由度調整済 R^2		サンプル数		F 値		自由度調整済 R^2		サンプル数		F 値		自由度調整済 R^2		サンプル数	
		88.946***		0.720		103		114.281***		0.710		105		33.377***		0.710		40	

表 3.1 つづき

		RD	AD	EL	LC	TA	C		RD	AD	EL	LC	TA	C		RD	AD	EL	LC	TA	C
				パルプ・紙							化学							食料品			
期	0	0.700	0.226	0.788	0.749	0.006	0.054		0.398	0.720	0.508	0.882	0.018	0.051		1.024	-0.505	1.432	0.362	-0.175	0.289
		(1.345)	(0.061)	(1.699)	(11.946)	(0.593)	(5.017)		(5.654)	(1.789)	(2.155)	(21.801)	(2.088)	(7.376)		(8.878)	(-1.483)	(2.592)	(3.744)	(-6.223)	(11.308)
		0.356	0.093	0.566					0.281	0.518	0.589					0.642	0.000	0.578			
	1	0.561	2.203	0.464					0.333	0.463	0.338					0.323	-0.186	0.527			
		(2.913)	(0.575)	(3.716)					(7.703)	(17.644)	(5.666)					(3.535)	(-1.074)	(2.116)			
		0.641	1.000	0.899					0.516	0.851	0.923					0.845	0.000	0.791			
	2	0.422		0.140					0.268	0.207	0.079					-0.040	0.134	-0.077			
		(2.199)		(0.327)					(13.591)	(0.517)	(0.281)					(-0.352)	(-4.278)	(-0.295)			
		0.856		1.000					0.705	1.000	1.000					0.845	0.098	0.791			
	3	0.283							0.294							-0.065	0.353	-0.379			
		(0.545)							(9.032)							(-0.981)	(2.650)	(-1.177)			
		1.000							0.849							0.845	0.432	0.791			
	4								0.139							0.248	0.773	-0.381			
									(2.950)							(1.210)	(2.282)	(-1.488)			
									0.947							1.000	1.000	0.791			
	5								0.075									-0.082			
									(1.002)									(-0.476)			
									1.000									0.791			
	6																	0.518			
																		(1.053)			
																		1.000			
ラグ期間		3	1	2	1	1	1		5	2	2	1	1	1		4	4	6	1	1	1
次数																2	1	2			
		F値		自由度調整済 R^2		サンプル数			F値		自由度調整済 R^2		サンプル数			F値		自由度調整済 R^2		サンプル数	
		37.552***		0.747		20			141.552***		0.674		182			32.764***		0.650		43	

表 3.1 つづき

		ゴム製品						ガラス・土石製品						鉄鋼					
期		RD	AD	EL	LC	TA	C	RD	AD	EL	LC	TA	C	RD	AD	EL	LC	TA	C
0		0.302	1.429	1.553	1.005	0.002	0.008	0.710	2.224	0.698	0.991	0.003	0.024	1.074	-14.381	0.710	0.442	-0.009	0.120
		(2.307)	(1.083)	(2.077)	(12.197)	(0.122)	(0.380)	(2.799)	(1.978)	(1.650)	(25.859)	(0.304)	(2.769)	(1.982)	(-1.223)	(1.215)	(-4.055)	(-0.602)	(6.274)
		0.132	0.403	0.557				0.379	0.464	0.516				0.639	0.000	0.276			
1		0.310	-0.652	-0.985				0.625	-0.059	0.654				0.560	-3.798	0.857			
		(3.261)	(-1.100)	(-1.406)				(11.093)	(-0.163)	(-1.601)				(-4.282)	(-1.675)	(-3.876)			
		0.267	0.403	0.557				0.712	0.464	1.000				0.973	0.000	0.610			
2		0.319	-1.204	-1.091				0.540	-1.413					0.046	6.785	1.004			
		(-4.793)	(-1.507)	(-1.844)				(-2.076)	(-2.327)					(-0.090)	(-0.623)	(-1.525)			
		0.406	0.403	0.557				1.000	0.464					1.000	1.000	1.000			
3		0.328	-0.286	1.235					-1.837										
		(5.775)	(-0.388)	(-1.200)					(-2.378)										
		0.549	0.403	1.000					0.464										
4		0.336	2.122						-1.332										
		(4.561)	(1.392)						(-2.160)										
		0.696	1.000						0.464										
5		0.345							0.103										
		(3.276)							(0.221)										
		0.846							0.485										
6		0.353							2.468										
		(2.489)							(1.977)										
		1.000							1.000										
7																			
ラグ期間		6	4	3				2	6	1				2	2	2			
次数		1	2	2				1	2	1				1	1	1			
	F 値	自由度調整済 R^2		サンプル数				F 値	自由度調整済 R^2		サンプル数				F 値	自由度調整済 R^2		サンプル数	
	26.518***	0.879		18				103.654***	0.740		65				15.390***	0.391		30	

表 3.1 つづき

		非鉄金属						金属製品						機械			
列	RD	AD	EL	LC	TA	C	RD	AD	EL	LC	TA	C	RD	AD	EL	LC	TA	C
0	0.554	-4.926	0.351	0.816	-0.007	0.050	-0.303	-0.604	1.565	0.969	0.057	0.001	0.085	1.466	0.972	0.853	-0.076	0.084
	(2.209)	(-3.946)	(0.804)	(12.215)	(-0.327)	(4.928)	(-3.320)	(-0.417)	(-5.234)	(15.879)	(-4.372)	(-0.100)	(1.038)	(1.285)	(3.134)	(20.405)	(-5.571)	(8.842)
	0.280	0.000	0.115				0.000	0.000	0.783				0.089	0.398	0.950			
1	0.475	-3.587	-0.222				-0.112	3.921	0.433				0.138	2.221	0.051			
	(3.443)	(-4.012)	(-0.436)				(-0.787)	(2.740)	(1.289)				(3.130)	(1.967)	(0.171)			
	0.520	0.000	0.115				0.000	1.000	1.000				0.233	1.000	1.000			
2	0.396	-2.239	0.145				0.079						0.191					
	(7.805)	(-3.673)	(-0.325)				(1.255)						(7.689)					
	0.720	0.000	0.163				0.054						0.433					
3	0.317	-0.910	0.293				0.270						0.244					
	(2.727)	(-1.706)	(-0.624)				(4.649)						(-4.726)					
	0.889	0.000	0.259				0.228						0.689					
4	0.238	0.429	0.202				0.460						0.298					
	(1.046)	(0.589)	(-0.382)				(3.366)						(-3.305)					
	1.000	0.081	0.326				0.554						1.000					
5		1.767	-0.904				0.651											
		(1.880)	(-1.219)				(2.914)											
		0.414	0.326				1.000											
6		3.106	-2.668															
		(2.186)	(-2.306)															
		1.000	0.326															
7			2.052															
			(1.585)															
			1.000															
ラグ期間	4	6	7				5	1	1				4	1	1			
次数	1	1	6				1	1	1				1	1	1			
	F 値		自由度調整済 R^2		サンプル数		F 値		自由度調整済 R^2		サンプル数		F 値		自由度調整済 R^2		サンプル数	
	29.263***		0.795		24		63.628***		0.724		64		64.339***		0.424		172	

表 3.1 つづき

			電気機器						輸送用機器						精密機器		
期| RD	AD	EL	LC	TA	C	RD	AD	EL	LC	TA	C	RD	AD	EL	LC	TA	C
0| 0.293	1.294	-0.314	0.721	-0.052	0.105	0.942	-1.963	0.619	1.013	-0.008	0.032	0.300	-0.508	0.358	0.713	0.127	0.045
	(3.764)	(2.210)	(-2.167)	(17.466)	(-4.073)	(13.562)	(9.340)	(-2.584)	(2.983)	(40.833)	(-1.597)	(6.719)	(1.264)	(-1.173)	(-0.604)	(8.671)	(3.113)	(2.460)
	0.282	0.292	0.000				0.755	0.000	0.500				0.209	0.000	0.623			
1| 0.271	1.478	-0.154				0.186	-0.425	0.350				0.340	-0.330	0.192			
	(-8.426)	(10.332)	(-0.906)				(2.695)	(-1.345)	(-4.672)				(3.458)	(-0.098)	(-1.191)			
	0.542	0.625	0.000				0.903	0.000	0.923				0.445	0.000	0.957			
2| 0.249	1.662	-0.660				-0.088	0.634	0.081				0.380	-0.063	0.025			
	(7.229)	(2.540)	(-2.327)				(-1.181)	(1.445)	(0.436)				(4.318)	(-0.363)	(-0.047)			
	0.782	1.000	0.000				0.903	0.155	1.000				0.709	0.000	1.000			
3| 0.227		0.515				0.121	1.213					0.420	0.204				
	(2.809)		(1.021)				(1.356)	(2.677)					(1.864)	(2.018)				
	1.000		1.000				1.000	0.452					1.000	0.084				
4|							1.312						0.471				
								(3.796)						(2.050)				
								0.772						0.279				
5|							0.931						0.738				
								(1.257)						(1.856)				
								1.000						0.584				
6|													1.005				
													(1.759)				
													1.000				
7																		

| ラグ期間 | 3 | 2 | 3 | | | | 3 | 5 | 2 | | | | 3 | 6 | 2 | | | |
| 次数 | 1 | 1 | 3 | | | | 2 | 2 | 1 | | | | 1 | 1 | 1 | | | |

F値	自由度調整済 R^2	サンプル数	F値	自由度調整済 R^2	サンプル数	F値	自由度調整済 R^2	サンプル数
88.193***	0.452	212	241.283***	0.802	82	32.148***	0.659	34

表 3.1 つづき

		その他製品						情報・通信業						サービス業					
ラグ期間	次数	RD	AD	EL	LC	TA	C	RD	AD	EL	LC	TA	C	RD	AD	EL	LC	TA	C
0		-0.369	-1.838	-2.786	0.683	0.056	0.073	-0.939	-4.239	0.815	0.252	-0.051	0.422	1.958	-1.809	0.650	0.939	0.058	0.063
		(-15.632)	(-3.962)	(-23.367)	(6.227)	(1.867)	(4.060)	(-1.180)	(-13.346)	(1.962)	(1.817)	(-2.284)	(8.047)	(3.351)	(-2.825)	(4.840)	(33.594)	(3.754)	(5.030)
		0.000	0.000	0.000				0.000	0.000	0.143				0.526	0.000	0.576			
1		-0.069	-1.148	-1.686				2.931	-2.953	-1.744				-0.525	-0.301	0.329			
		(-4.390)	(-3.697)	(-19.694)				(3.160)	(-15.012)	(-3.540)				(-2.017)	(-1.509)	(5.035)			
		0.000	0.000	0.000				0.322	0.000	0.143				0.526	0.000	0.867			
2		0.208	-0.458	-0.586				1.779	-1.668	-3.047				-1.385	1.207	0.086			
		(9.565)	(-2.904)	(-7.842)				(2.104)	(-15.630)	(-4.426)				(-3.583)	(4.836)	(1.734)			
		0.310	0.000	0.000				0.517	0.000	0.143				0.526	0.308	0.943			
3		0.462	0.232	0.514				-3.016	-0.382	-3.094				-0.623	2.715	-0.077			
		(15.705)	(9.745)	(5.430)				(-4.468)	(-2.777)	(-4.585)				(-2.586)	(3.929)	(-1.238)			
		1.000	0.046	0.059				0.517	0.000	0.143				0.526	1.000	0.943			
4			0.921	1.615				-1.350	0.903	-1.886				1.761		-0.160			
			(6.019)	(12.204)				(-1.898)	(3.648)	(-3.636)				(4.023)		(-2.652)			
			0.228	0.246				0.517	0.000	0.143				1.000		0.943			
5			1.611	2.715				4.398	1.000	0.578						-0.165			
			(5.269)	(15.376)				(5.048)		(-0.827)						(-4.126)			
			0.546	0.559				1.000		0.245						0.943			
6			2.301	3.815						4.297						-0.090			
			(5.012)	(17.064)						(2.911)						(-2.291)			
			1.000	1.000						1.000						0.943			
7																0.064			
																(0.596)			
																1.000			

F値	自由度調整済 R^2	サンプル数	F値	自由度調整済 R^2	サンプル数	F値	自由度調整済 R^2	サンプル数
329.544***	0.914	56	63.880***	0.856	46	127.763***	0.912	31

***: 1% 水準で統計的に有意

(注) RD: 研究開発費, AD: 広告宣伝費, EL: 超過人件費, LC: 業種平均人件費までの人件費, TA: 有形資産, C: 定数項. 括弧は t 値. 下段は減価割合.

最も係数の説明力の高いと思われる推計式を採択した．

そして，(3.9)(3.10)(3.11) 式より，減価割合を推計する．各業種の成果発現期間と減価割合の推計結果は表 3.1 に示した．尚，18 業種の平均成果発現期間は研究開発費が 3.9 期，広告宣伝費が 3.3 期，超過人件費が 3.2 期であった．研究開発費の支出時期から成果発現までのタイムラグは，若杉 (1986) によるわが国企業の業種毎の推計結果では，応用・開発研究で 2～3.2 年，基礎研究で 3.6～6 年，総平均で 2.1～4.6 年と 3 年前後であり，本推計の結果と近い．西村 (2001) は電気機械，自動車は 3 年であるが，医薬品が 6 年，繊維が 5 年と推計している．本推計では電気機器，輸送用機器が 3 年，医薬品が 4 年，繊維製品が 5 年であった．また，米国企業の推計結果については，Ravenscraft and Scherer (1982) が 5 年，Lev and Sougiannis (1996) は 5～9 年であった．

また，Ravenscraft and Scherer (1982) や Lev and Sougiannis (1996) の米国企業における先行研究では，広告宣伝費は短期間しか成果を及ぼさないとしているが，米国企業を対象にしたモデルでもラグを伴う成果を前提にしているものもある (西村 2001)．わが国企業における広告宣伝費の効果一般についての実証分析報告は少ないが，長島 (2001) はタイムラグを 4 年と捉え実証分析している．本推計でも，ラグを伴った成果発現が認められた．したがって，広告宣伝費は価値として累和されるという，本モデルの構造は妥当であるといえよう．超過人件費についても，ラグを伴った成果が認められた．高い能力を有する人材も，3 年程度の期間をかけて成果が発現するといえる．そして，同じく人的資産についてもモデルの構造の妥当性は認められよう．ただし，企業業績の回復を受けて賃金が上昇することもあり，付加価値の増加が超過人件費を高める逆の因果を含む可能性もあろう．

3.2.2.3 無形資産価値の推定

次に，無形資産価値を (3.2)～(3.6) 式のモデルに従い推定し，推定結果として 2004 年度の上位 20 社を表 3.2 に示す．最も高く評価されたのは，研究開発資産が大きい日本電信電話であった．次に，広告宣伝資産の大きいトヨタ自動車，ソニーは各資産ともにバランスよく大きく評価された．業種とし

表 3.2 無形資産価値上位 20 社

	企業	研究開発資産	広告宣伝資産	人的資産	無形資産
1	日本電信電話	11,347	3,597	3,298	18,243
2	トヨタ自動車	3,165	12,735	832	16,732
3	ソニー	6,925	4,127	2,967	14,019
4	日産自動車	1,612	7,332	426	9,370
5	富士通	3,496	93	5,664	9,253
6	日立製作所	5,315	221	3,226	8,762
7	シャープ	1,991	538	5,196	7,726
8	日本電気	3,798	276	3,226	7,300
9	東芝	3,520	444	3,132	7,097
10	キヤノン	3,674	374	2,778	6,826
11	三菱電機	1,953	97	4,724	6,773
12	本田技研工業	2,006	2,153	361	4,520
13	ブリヂストン	2,087	2,357	0	4,444
14	マツダ	393	3,564	436	4,393
15	松下電工	775	213	3,008	3,997
16	ＫＤＤＩ	319	1,978	842	3,138
17	任天堂	464	2,479	139	3,082
18	コニカミノルタ HD	765	393	1,841	3,000
19	三菱重工業	2,884	14	66	2,963
20	ヤマハ	609	918	1,288	2,815

(注) 単位:億円，2004 年度

ては，情報通信，電気機器，輸送用機器に属する企業が上位に並んだ．

そして，各資産の上位 20 社について表 3.3 に示す．研究開発資産については，業種として情報通信，電気機器に属する企業が上位に並んだ．また，広告宣伝資産は，輸送用機器に属する企業が目立つほか，医薬品に属する企業もランクインした．人的資産は，電気機器に属する企業が上位を占めた．

3.2.3 有効性の検証

無形資産価値で修正した修正 PBR の推移を検証，全要素生産性成長率との無形資産成長率とを比較し，モデルの有効性を検証する．

表 3.3　各資産上位 20 社

	研究開発資産		広告宣伝資産		人的資産	
1	日本電信電話	11,347	トヨタ自動車	12,735	富士通	5,664
2	ソニー	6,925	日産自動車	7,332	シャープ	5,196
3	日立製作所	5,315	ソニー	4,127	三菱電機	4,724
4	日本電気	3,798	日本電信電話	3,597	日本電信電話	3,298
5	キヤノン	3,674	マツダ	3,564	日本電気	3,226
6	東芝	3,520	任天堂	2,479	日立製作所	3,226
7	富士通	3,496	ブリヂストン	2,357	東芝	3,132
8	トヨタ自動車	3,165	スズキ	2,279	松下電工	3,008
9	三菱重工業	2,884	本田技研工業	2,153	ソニー	2,967
10	ブリヂストン	2,087	ＫＤＤＩ	1,978	キヤノン	2,778
11	本田技研工業	2,006	富士重工業	1,823	日本ビクター	1,852
12	シャープ	1,991	ニコン	1,522	NTT データ	1,850
13	三菱電機	1,953	ヤマハ	918	コニカミノルタ HD	1,841
14	日産自動車	1,612	ベネッセ Corp.	910	東芝テック	1,628
15	三洋電機	1,457	オリンパス	865	古河電気工業	1,569
16	富士写真フイルム	1,326	ヤマハ発動機	820	ヤマハ	1,288
17	住友化学	1,273	武田薬品工業	784	沖電気工業	1,288
18	武田薬品工業	1,057	エーザイ	705	富士電機 HD	1,240
19	デンソー	970	ダイハツ工業	680	横河電機	1,237
20	住友電気工業	867	大正製薬	622	三陽商会	1,118

(注) 単位:億円，2004 年度

3.2.3.1　無形資産と株価との関係

　自己資本が妥当な値であれば，一株当り自己資本に対する株価の倍率である PBR(Price to Book Ratio) は 1 倍となる．したがって，自己資本簿価に無形資産を加えた，修正自己資本をもとに，修正 PBR を求める (図 3.3)．

　2001 年度～2005 年度の修正 PBR の平均値は，PBR 平均値を 0.4～0.3 倍ポイントほど下回る．そして，2001 年度～2005 年度の総平均は，修正前は 1.36 倍であったが，修正 PBR は 1.03 倍となった．したがって，無形資産で修正することにより，総じて見れば株価推移の妥当性が担保されることになろう．

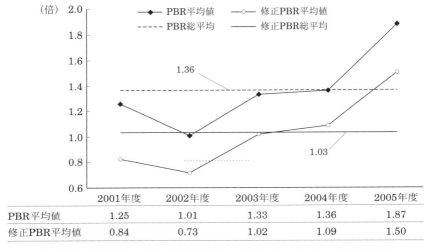

図 3.3 修正 PBR 平均値の推移

3.2.3.2 全要素生産性成長率との比較

計測不可能な全要素生産性の成長が，見えざる価値である無形資産の成長であると考える．そこで，全要素生産性の成長率を (3.1) 式より求め，本モデルで算出した無形資産価値の成長率と比較する．

付加価値は営業損益，人件費 (人件費・労務費・福利厚生費)，減価償却費，研究開発費，広告宣伝費の和，資本ストックは建設仮勘定を除いた有形固定資産とオンバランスされている無形固定資産の和，労働は労働者数とする．また，本モデルでは業種平均人件費までの人件費を労働への分配と見なすため，労働分配率を業種平均人件費までの人件費の付加価値に対する割合として，資本分配率は 1 から労働分配率を差引くことにより求める．日経 NEEDS-FinancialQUEST からデータを取得し，連結ベースで算出した (表 3.4)．

総平均は無形資産，全要素生産性とも 1.8% 程度と，期間を通して数 % のプラス成長であり，総じて有意に正の相関が示された．

表 3.4　無形資産と全要素生産性の成長率

	2002 年度		2003 年度		2004 年度	
	無形資産	TFP	無形資産	TFP	無形資産	TFP
平均値	0.03	0.39	2.27	3.66	3.11	1.27
相関係数	0.21***		0.20***		0.09***	

	2002 年度-2004 年度	
	無形資産	TFP
平均値	1.80	1.77
相関係数	0.16***	

(注) サンプル数:1,327，平均値単位:%，***:1%水準で統計的に有意

3.2.4　人的資産の年齢調整

わが国の賃金制度の特徴の一つとして，年功賃金制度があげられる．年功賃金制度を採る理由としては，年齢とともに技能が高まる (Becker 1962)，若年期に低くその分を年齢が高まるにつれて後払いする (Lazear 1979)，従業員の必要とする生計費が年齢とともに増加する (氏原 1961) と様々な見解がある．実際，図 3.4 の通り賃金は 50 歳代半ばにかけて年齢とともに増加する傾向が継続している．

したがって，次の通り上場企業の平均年齢データを用いて，超過人件費の年齢による寄与分を控除して人的資産を調整する．企業 i，t 期の一人当り超過人件費 PEL_{it} を被説明変数，平均年齢 AAG_{it} を説明変数，係数 b として，残差 ε_{it} を年齢で調整した一人当り超過人件費と定義する．

$$\text{PEL}_{it} = b\text{AAG}_{it} + \varepsilon_{it}. \tag{3.13}$$

(3.13) 式において業種・年度の影響をコントロールするにあたり，一人当り超過人件費は各業種・年度の平均値からの差分であるため，平均年齢も同様に各業種・年度の平均値からの差分である．企業 i，t 期の $\tilde{\text{AAG}}_{it}$ を説明変数として推計する ((3.14) 式).

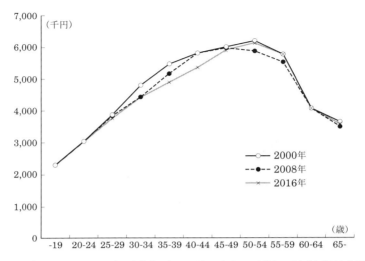

(注) 厚生労働省 (2000;2008;2016) より作成. 常用雇用者の きまって支給する現金給与額 (年換算) 及び年間賞与その他特別給与額

図 **3.4** 年齢と賃金

$$\text{PEL}_{it} = b\text{A}\tilde{\text{G}}_{it} + \varepsilon_{it}^{\text{pel}}. \tag{3.14}$$

次に，(3.14) 式の企業 i，t 期の残差 $\varepsilon_{it}^{\text{pel}}$ を，企業 i，t 期の調整一人当り超過人件費 APEL_{it} とした (3.15) 式より求める．

$$\text{APEL}_{it} = \text{PEL}_{it} - \hat{b}\text{A}\tilde{\text{G}}_{it}. \tag{3.15}$$

調整一人当り超過人件費 APEL より調整超過人件費 AEL を求め，(3.6) 式のラグ分累和する超過人件費に用いる．負の調整一人当り人件費は 0 として，調整一人当り超過人件費に従業員数を掛けて年齢で調整した人的資産を求める ((3.16) 式).

$$\text{AEL}_{it} = \text{APEL}_{it}^{*} \cdot 従業員数_{it}, \tag{3.16}$$
$$\text{APEL}_{it}^{*} = \max\left(0, \text{APEL}_{it}\right).$$

そして，企業情報データベースサービス eol より取得できた 2001 年度〜2004 年度の平均年齢データを用いて，(3.14) 式を推計する．推計の結果，

表 3.5 (3.14) 式の推計結果

係数	t 値	決定係数	サンプル数
0.117	9.46***	0.017	5,308

(注)***:1%水準で統計的に有意，2001 年度-2004 年度

表 3.6 超過人件費の年齢調整／調整前の統計量比較

超過人件費・平均		超過人件費・標準偏差		超過人件費・最大	
年齢調整	調整前	年齢調整	調整前	年齢調整	調整前
39	39	137	140	2,073	2,077

超過人件費・最小		サンプル数
年齢調整	調整前	5,308
0	0	

(注) 単位:億円，2001 年度-2004 年度

表 3.7 人的資産の年齢調整／調整前の統計量比較

人的資産・平均		人的資産・標準偏差		人的資産・最大	
年齢調整	調整前	年齢調整	調整前	年齢調整	調整前
80	83	363	375	5,696	5,664

人的資産・最小		サンプル数
年齢調整	調整前	1,327
0	0	

(注) 単位:億円，2004 年度

係数は有意に正で，一人当り超過人件費と年齢との正の関係が示される (表 3.5)．

表 3.8 人的資産の増加／減少上位企業

増加順位	企業	増加額 (億円)	業種	平均年齢
1	日立電線	252	非鉄金属	37.2
2	ローム	217	電気機器	34.5
3	タカラスタンダード	127	その他製品	34.0
4	トヨタ自動車	119	輸送用機器	36.7
5	イビデン	108	電気機器	35.4
6	東京エレクトロン	88	電気機器	36.9
7	富士ソフトエービーシ	81	情報・通信業	32.2
8	キョウデン	78	電気機器	34.3
9	豊田自動織機	76	輸送用機器	35.6
10	ウシオ電機	52	電気機器	35.8
11	キーエンス	49	電気機器	31.9
12	ダイハツ工業	48	輸送用機器	37.1
13	村田製作所	43	電気機器	35.8
14	日野自動車	42	輸送用機器	36.5
15	デンソー	39	輸送用機器	39.4
16	新日本無線	38	電気機器	36.6
17	フジシールインターナショナル	38	その他製品	36.5
18	伊藤園	37	食料品	31.6
19	山崎製パン	34	食料品	38.0
20	新光電気工業	32	電気機器	38.0

(注) 2004 年度

次に，(3.15) 式より調整一人当り人件費 APEL を求め，(3.16) 式より調整超過人件費 AEL を算出し，(3.6) 式よりラグ分累和して 2004 年度の調整人的資産を求め，調整前の人的資産と比較する．尚，累和する期間が長く，2000 年度以前の調整超過人件費が必要な一部の業種の企業については，平均年齢の 2001 年度〜2004 年度平均値を用いて必要な期の調整一人当り超過人件費を求め調整超過人件費を算出した．

年齢調整により超過人件費 (表 3.6)，人的資産 (表 3.7) ともに統計量に大きな変化は見られなかった．尚，増減企業の上位を見ると，平均年齢の低い企業で増加，高い企業で減少する調整が示された (表 3.8)．

表 3.8 つづき

減少順位	企業	減少額(億円)	業種	平均年齢
1	ヤマハ	-781	その他製品	45.5
2	富士電機ホールディングス	-397	電気機器	44.4
3	コニカミノルタホールディングス	-369	電気機器	44.7
4	日本ビクター	-345	電気機器	42.0
5	三菱電機	-339	電気機器	42.2
6	シャープ	-171	電気機器	40.3
7	エヌ・ティ・ティ・データ	-169	情報・通信業	36.1
8	横河電機	-152	電気機器	41.1
9	三菱マテリアル	-144	非鉄金属	42.1
10	東京放送	-142	情報・通信業	43.5
11	東芝テック	-99	電気機器	41.3
12	日産自動車	-93	輸送用機器	41.0
13	三洋電機	-88	電気機器	40.8
14	武田薬品工業	-88	医薬品	42.3
15	東芝	-80	電気機器	39.8
16	ＫＤＤＩ	-75	情報・通信業	37.6
17	日立情報システムズ	-73	情報・通信業	37.1
18	神鋼電機	-71	電気機器	45.7
19	カシオ計算機	-68	電気機器	41.3
20	日本電信電話	-61	情報・通信業	38.2

(注) 2004 年度

3.2.5 まとめ

本節ではコスト・アプローチに基づく個別企業の無形資産価値を評価するモデルを構築し，実証分析を行った．無形資産を主要な要素である「技術」，「組織」，「人」に関する資産に区分して価値を評価するが，構造は比較的シンプルなものであり，一般に公開されている財務データを用いるため，汎用性が高く使い易いモデルである．

また，本モデルでは「人的資産」の価値も評価対象とした．「人」の能力は非常に重要な無形資産であるが，関連するデータの開示は少なく，その計測手段も確立されていない．そして，年功賃金制度により年齢とともに賃金が増加するが，年齢調整後の人的資産も示した．したがって，本節にてモデルを提示したことにより，今後議論が進展することを期待したい．

尚，実証分析の結果，無形資産で修正した自己資本による平均 PBR は，概ね修正前の 1 倍台前半から 1 倍程度へ低下した．無形資産修正後の自己資本は，企業の資産価値をより正しく反映しているものと思われる．また，無形資産成長率と，無形資産の成長を表すと考えられる全要素生産性成長率はともに数 % のプラス成長となった．

本節ではコスト・アプローチをベースとしたモデルを示したが，コスト・アプローチ自体にも問題点を含む．莫大なコストを投入しても研究開発が失敗するケースもあり，コストが少なくとも成功するケースがある．次節では，インカム・アプローチに基づくモデルを構築する．

3.3 インカム・アプローチ・モデル

3.3.1 モデルの前提

本節ではインカム・アプローチに基づく無形資産価値評価モデルを構築し，実証分析を行う．インカム・アプローチは利益，投資と無形資産との関係を明確にして，無形資産がもたらす利益を割り引くことによって価値を評価するモデルである．

まず，インカム・アプローチの前提になる無形資産がもたらす利益について，企業の損益計算書の構造をもとに明確にする．企業は中間投入を行い，労働と資本を稼動させることにより生産活動を行い，売上を立てる．したがって，図 3.5 の通り売上高から中間投入を差引いた付加価値は，労働と資本からもたらされると考えられる．また，NOPAT(税引後営業利益) は企業全体がもたらす利益であるため，NOPAT から投下資本がもたらす利益である資本コストを控除することにより無形資産がもたらす利益が求められる．ここで，資本コストは文字通り投下資本に対するコストであるが，一般的にはコストと利益は見合うものと考えられる．尚，この経済的利益は一般的にEVA(Economic Value Added:Stewart (2001)) と呼ばれており，EVA を無形資産がもたらす利益との考えに基づきモデルを構築する．

ここで，本節において用いる EVA は，図 3.5 の修正 P/L の通り，研究開発費，広告宣伝費，超過人件費および無形資産減価償却費によって修正する．これらの費用は無形資産への投資と見なすため，そのまま費用としては

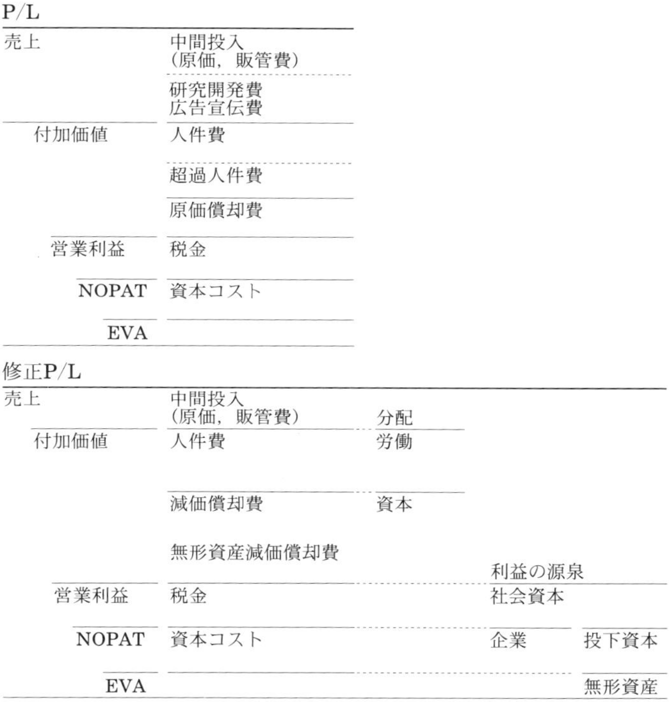

P/L

売上	中間投入 （原価，販管費）	
	研究開発費 広告宣伝費	
付加価値	人件費	
	超過人件費	
	減価償却費	
営業利益	税金	
NOPAT	資本コスト	
EVA		

修正P/L

売上	中間投入 （原価，販管費）	分配		
付加価値	人件費	労働		
	減価償却費	資本		
	無形資産減価償却費			
		利益の源泉		
営業利益	税金	社会資本		
NOPAT	資本コスト	企業	投下資本	
EVA			無形資産	

図 **3.5** 損益計算書

計上せず無形資産減価償却費を計上する．尚，研究開発費は技術への投資，広告宣伝費はブランドへの投資，また超過人件費とは人件費総額から，生産のための原価と思われる部分を差引いたものとして，人的資産への投資と考える．

3.3.2 モデルの構造

本モデルは無形資産がもたらす利益である EVA を現在価値に割り引くことで価値を評価するモデルであるが，将来の期待 EVA は次の考え方によって推定する．

まず，(3.17) 式の通り EVA とラグを伴った無形資産投資との関係を推計

するが,ここでは議論をシンプルにするため,無形資産投資をまとめて単独と見なしている.尚,(3.17) 式において,c は定数項,β_0, β_1, β_l は係数,ε_{it} は企業 i の t 期における誤差項として,無形資産の源泉となる企業 i の t 期における無形資産投資 II_{it} の l 期のラグと,投資に対応する成果である企業 i の t 期における EVA として eva_{it} との関係を示している.

$$\mathrm{EVA}_{it} = c + \beta_0 \mathrm{II}_{it} + \beta_1 \mathrm{II}_{i,t-1} + \cdots + \beta_l \mathrm{II}_{i,t-l} + \varepsilon_{it}. \tag{3.17}$$

そして,(3.17) 式を推計して得られたパラメータを用いた (3.18) 式により,企業 i の $t+n$ 期,期待 EVA である $\mathrm{eva}_{i,t+n}$ を求める.ここで,T はラグの期間,k はラグである.過去の無形資産投資額を (3.18) 式に代入することにより,$t+1$ 期以降の期待 EVA,すなわち実際に無形資産投資の裏付がある期待 EVA を推定する.

$$\mathrm{eva}_{i,t+n} = \hat{c} + \sum_{k=n}^{T-n+1} \hat{\beta}_k \mathrm{II}_{i,t-k-1}. \tag{3.18}$$

尚,定数項 c については投資がなくても企業が事業に参入するだけで得られる EVA を示しており,永続的に発生する EVA と考えられるため,無形資産のターミナルバリュー算出に用いる.そして,(3.19) 式の通り企業 i の資本コスト率 r_i で割引くことにより,企業 i の t 期の無形資産価値 $\mathrm{I}_{it}^{\mathrm{income}}$ を推定する.

$$\mathrm{I}_{it}^{\mathrm{income}} = \sum_{n=1}^{T} \sum_{k=n}^{T-n+1} \hat{\beta}_k \mathrm{II}_{i,t-k-1} \frac{1}{(1+r_i)^n} + \frac{\hat{c}}{r_i}. \tag{3.19}$$

3.3.3 モデルの詳細

以上,無形資産投資が単独と見なしモデルの構造を述べたが,実際には無形資産投資は複数の種類がある.したがって,(3.20) 式の通り企業 i の t 期における EVA について,無形資産投資を企業 i,ラグ x, y, z 期の研究開発費 $\mathrm{RD}_{i,t-x}$,広告宣伝費 $\mathrm{AD}_{i,t-y}$,超過人件費 $\mathrm{EL}_{i,t-z}$ に区分して説明する,各々のラグの期間も異なるモデルを改めて定義する.ここで,c は定数項,β_x^{RD} はラグ x 期の研究開発費に対する係数,β_y^{AD} はラグ y 期の広告宣

伝費に対する係数，β_z^{EL} はラグ z 期の超過人件費に対する係数，X，Y，Z は各々研究開発費，広告宣伝費，超過人件費のラグの期間，ε_{it} は企業 i の t 期における誤差項である．

$$\mathrm{EVA}_{it} = c + \sum_{x=0}^{X} \beta_x^{\mathrm{RD}} \mathrm{RD}_{i,t-x} + \sum_{y=0}^{Y} \beta_y^{\mathrm{AD}} \mathrm{AD}_{i,t-y} + \sum_{z=0}^{Z} \beta_z^{\mathrm{EL}} \mathrm{EL}_{i,t-z} + \varepsilon_{it}. \tag{3.20}$$

次に，(3.20) 式を推計して得られたパラメータより，各々企業 i，$t+n$ 期の研究開発投資がもたらす期待 EVA は $\mathrm{eva}_{i,t+n}^{\mathrm{RC}}$，ブランド投資がもたらす期待 EVA は $\mathrm{eva}_{i,t+n}^{\mathrm{AC}}$，人的投資がもたらす期待 EVA は $\mathrm{eva}_{i,t+n}^{\mathrm{HC}}$，組織全体がもたらす期待 EVA は $\mathrm{eva}_{i,t+n}^{\mathrm{OC}}$ として，(3.21)(3.22)(3.23)(3.24) 式によって推定される．

$$\mathrm{eva}_{i,t+n}^{\mathrm{RC}} = \sum_{x=n}^{X-n+1} \hat{\beta}_x^{\mathrm{RD}} \mathrm{RD}_{i,t-x+1}. \tag{3.21}$$

$$\mathrm{eva}_{i,t+n}^{\mathrm{AC}} = \sum_{y=n}^{Y-n+1} \hat{\beta}_y^{\mathrm{AD}} \mathrm{AD}_{i,t-y+1}. \tag{3.22}$$

$$\mathrm{eva}_{i,t+n}^{\mathrm{HC}} = \sum_{z=n}^{Z-n+1} \hat{\beta}_z^{\mathrm{EL}} \mathrm{EL}_{i,t-z+1}. \tag{3.23}$$

$$\mathrm{eva}_{i,t+n}^{\mathrm{OC}} = \hat{c}. \tag{3.24}$$

そして，企業 i，t 期のインカム・アプローチに基づく無形資産価値推定値 $\mathrm{I}_{it}^{\mathrm{income}}$ は，(3.25) 式として表すことができる．

$$\mathrm{I}_{it}^{\mathrm{income}} = \sum_{n=1}^{X} \frac{\mathrm{eva}_{i,t+n}^{\mathrm{RC}}}{(1+r_i)^{X-n+1}} + \sum_{n=1}^{Y} \frac{\mathrm{eva}_{i,t+n}^{\mathrm{AC}}}{(1+r_i)^{Y-n+1}} + \sum_{n=1}^{Z} \frac{\mathrm{eva}_{i,t+n}^{\mathrm{HC}}}{(1+r_i)^{Z-n+1}} + \frac{\mathrm{eva}_{i,t+n}^{\mathrm{OC}}}{r_i}. \tag{3.25}$$

ここで，$\mathrm{I}_{it}^{\mathrm{income}}$ を特性毎に分割する．まず，(3.26)(3.27)(3.28) 式の通り，各々企業 i，t 期の W_{it}^{RC} を技術資産比率，W_{it}^{AC} をブランド資産比率，W_{it}^{HC} を人的資産比率とする無形資産比率を求める．すなわち，各無形資産投資に直接的に裏付のある利益による無形資産の比率を算出する．

$$W_{it}^{\mathrm{RC}} = \sum_{n=1}^{X} \frac{\mathrm{eva}_{i,t+n}^{\mathrm{RC}}}{(1+r_i)^{X-n+1}} \Big/ \left(\sum_{n=1}^{X} \frac{\mathrm{eva}_{i,t+n}^{\mathrm{RC}}}{(1+r_i)^{X-n+1}} + \sum_{n=1}^{Y} \frac{\mathrm{eva}_{i,t+n}^{\mathrm{AC}}}{(1+r_i)^{Y-n+1}} + \sum_{n=1}^{Z} \frac{\mathrm{eva}_{i,t+n}^{\mathrm{HC}}}{(1+r_i)^{Z-n+1}} \right). \tag{3.26}$$

$$W_{it}^{\mathrm{AC}} = \sum_{n=1}^{Y} \frac{\mathrm{eva}_{i,t+n}^{\mathrm{AC}}}{(1+r_i)^{Y-n+1}} \bigg/ \left(\sum_{n=1}^{X} \frac{\mathrm{eva}_{i,t+n}^{\mathrm{RC}}}{(1+r_i)^{X-n+1}} + \sum_{n=1}^{Y} \frac{\mathrm{eva}_{i,t+n}^{\mathrm{AC}}}{(1+r_i)^{Y-n+1}} + \sum_{n=1}^{Z} \frac{\mathrm{eva}_{i,t+n}^{\mathrm{HC}}}{(1+r_i)^{Z-n+1}} \right).$$
(3.27)

$$W_{it}^{\mathrm{HC}} = \sum_{n=1}^{Z} \frac{\mathrm{eva}_{i,t+n}^{\mathrm{HC}}}{(1+r_i)^{Z-n+1}} \bigg/ \left(\sum_{n=1}^{X} \frac{\mathrm{eva}_{i,t+n}^{\mathrm{RC}}}{(1+r_i)^{X-n+1}} + \sum_{n=1}^{Y} \frac{\mathrm{eva}_{i,t+n}^{\mathrm{AC}}}{(1+r_i)^{Y-n+1}} + \sum_{n=1}^{Z} \frac{\mathrm{eva}_{i,t+n}^{\mathrm{HC}}}{(1+r_i)^{Z-n+1}} \right).$$
(3.28)

そして，(3.25) 式で求めた無形資産価値を無形資産比率から，各々企業 i, t 期の技術資産 $\mathrm{RC}_{it}^{\mathrm{income}}$，ブランド資産 $\mathrm{AC}_{it}^{\mathrm{income}}$，人的資産 $\mathrm{HC}_{it}^{\mathrm{income}}$ として区分する．

$$\mathrm{RC}_{it}^{\mathrm{income}} = \mathrm{I}_{it}^{\mathrm{income}} W_{it}^{\mathrm{RC}}. \tag{3.29}$$

$$\mathrm{AC}_{it}^{\mathrm{income}} = \mathrm{I}_{it}^{\mathrm{income}} W_{it}^{\mathrm{AC}}. \tag{3.30}$$

$$\mathrm{HC}_{it}^{\mathrm{income}} = \mathrm{I}_{it}^{\mathrm{income}} W_{it}^{\mathrm{HC}}. \tag{3.31}$$

3.3.4 期待 EVA 推計モデルの推定方法

尚，(3.20) 式は分布ラグモデルであり，多重共線性問題を有する．分布ラグモデルの推計には複数の手法が考案されているが，一長一短である．本モデルにおいては，シンプルな分布ラグ推計手法である Fisher (1936) の Short-Cut Method を用いるが，ラグが過去に遡るほどラグウェイトが線形的に減少する仮定を置き，推計する方法である．全産業で代表する式を一本推計するが，ラグの期間は当期の EVA と各費用との時差相関係数を求め統計的に有意な期間までとする．

3.3.5 実証分析
3.3.5.1 使用するデータ

実証分析にあたって，データは日経 NEEDS-FinancialQUEST より 1999 年度〜2006 年度において連続して取得できた上場企業 1,635 社，連結優先ベースの本決算値を用いて，年度換算修正を行う．また，企業 i の資本コスト率 r_i の推定のために TOPIX(東証株価指数) 及び 10 年国債利回りを用いる．

3.3.5.2 EVA の定義

まず，インカム・アプローチによる無形資産価値算出にあたり，企業 i, t 期の EVA を (3.32) 式によって求める．ここでは，税率は法人税の実行税率として一律 40 ％とする．また，企業 i, t 期の投下資本 IC_{it} は建設仮勘定を除いた有形固定資産，オンバランスされている無形固定資産，運転資産として流動負債を差引いた流動資産の和とする．尚，企業 i, t 期の無形資産償却費 DI_{it} は，拙稿 (2006a) が推定した無形資産の業種別減価割合を用いて過去の研究開発費，広告宣伝費，超過人件費より求める．また，企業 i, t 期の超過人件費 EL_{it} 算出のための原価人件費として，業種最低水準として一人当り人件費の業種別下位 10 分位の平均値に従業員数を乗じた値までの人件費とする．各々企業 i, t 期の OP_{it} は営業利益，RC_{it} は研究開発費，r^{tax} は税率，r_i^{wacc} は企業 i の資本コスト率 (WACC) である．

$$\mathrm{EVA}_{it} = (\mathrm{OP}_{it} + \mathrm{RD}_{it} + \mathrm{AD}_{it} + \mathrm{EL}_{it} - \mathrm{DI}_{it})(1 - r^{tax}) - \mathrm{IC}_{it} r_i^{\mathrm{wacc}}. \tag{3.32}$$

3.3.5.3 資本コスト率

次に実績 EVA の算出及び，期待 EVA を割引く際に用いるための，企業 i の株主資本コスト率 r_i を算出する．データ期間 1999 年 1 月～2007 年 12 月の月次対 TOPIX ベータ及びリスクプレミアムを TOPIX 月次リターン対 10 年国債利回りとして CAPM で算出する．その結果，TOPIX の株主資本コスト率は 4.612%，リスクプレミアムは 3.130% となった．また，WACC 算出のための負債コスト率は負債に対する支払利息・割引料の割合から求める．

3.3.5.4 ラグの期間

そして，ラグの期間を決定するために，当期 t の eva_t と各無形資産投資との時差相関係数を求める．尚，各変数は企業規模 (総資産平均値) でデフレートする．表 3.9 の通り，研究開発費は 7 期，広告宣伝費は 6 期，超過人件費は 5 期まで統計的に有意となっており，各々のラグ期間とする．尚，図

表 3.9 EVA と無形資産投資との時差相関係数

ラグの期間	研究開発費	広告宣伝費	超過人件費	サンプル数
0	0.134	0.138	0.121	13,087
	15.47***	15.93***	13.96***	
1	0.118	0.119	0.092	11,451
	12.72***	12.77***	9.92***	
2	0.103	0.117	0.077	9,815
	10.23***	11.70***	7.62***	
3	0.114	0.107	0.060	8,179
	10.39***	9.69***	5.39***	
4	0.117	0.093	0.043	6,543
	9.54***	7.56***	3.48***	
5	0.101	0.069	0.026	4,907
	7.14***	4.85***	1.82*	
6	0.100	0.062	0.023	3,271
	5.75***	3.56***	1.34	
7	0.097	0.040	0.001	1,635
	3.96***	1.61	0.03	

(注) 表の上段:相関係数，下段:z 値，***:1%水準，*:10%水準で統計的に有意
  尚，2006 年度のみのサンプル数を同じとした分析でも同様の結果であった

3.6 の通り時差相関係数はラグの期間に合わせて線形的に減少しているが，これは Short-Cut Method の仮定と整合的である．

3.3.5.5 期待 EVA の推定

次に，(3.20) 式を Short-Cut Method を用いてラグの期間 $(X,Y,Z)=(7,6,5)$ による推計を行う．尚，各変数は企業規模 (総資産平均値) でデフレートした実質値を用いる．表 3.10 の通り，各係数の推計値は統計的に有意に正である．ただし，係数はラグの合計に対する効果を示しており，全て 1 を下回っていることは投資に対する効率性が低いことを示す．しかしながら，定数項 c の推計値は正であり，個別企業では直接的な効果は高くないが，無形資産投資は技術スピルオーバーによって，わが国産業の共有無形資産を高める効果を示唆する．そして，推計した係数を用いて (3.21)(3.22)(3.23)(3.24)

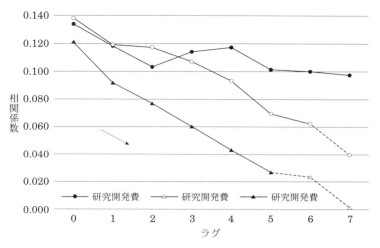

図 3.6 EVAと無形資産投資との時差相関係数

表 3.10 期待 EVA モデルの推計結果

	推計値	t 値	ラグの期間
RD	0.308	7.41***	7
AD	0.182	3.68***	6
EL	0.054	5.65***	5
c	0.012	7.96***	
自由度調整済 R^2	0.063		
F 値	37.49***		
サンプル数	1,635		

(注)***:1%水準で統計的に有意

式より,名目値による期待 EVA を推定する.

3.3.5.6 無形資産価値の推定

そして,(3.25) 式より無形資産価値を推定する.また,(3.26)(3.27)(3.28) 式より各無形資産比率を求めた後,(3.29)(3.30)(3.31) 式より無形資産価値を特性毎に各資産へ区分する.

尚,無形資産価値上位企業は表 3.11 の通り,グローバルな企業である電

表 3.11 無形資産価値上位 20 社

企業	業種	無形資産価値	技術資産	ブランド資産	人的資産
トヨタ	輸送用機器	66,447	49,844	13,543	3,060
日本電信電話	情報・通信業	48,627	40,626	7,180	821
日産自	輸送用機器	36,109	25,133	7,838	3,138
ホンダ	輸送用機器	31,037	28,224	2,160	653
松下	電気機器	26,124	21,451	3,487	1,187
ソニー	電気機器	23,196	15,662	7,152	382
日立	電気機器	21,925	19,448	1,373	1,104
ＪＴ	食料品	19,461	11,659	4,147	3,654
東芝	電気機器	13,492	11,809	819	863
ＮＴＴドコモ	情報・通信業	13,279	10,197	2,711	371
武田	医薬品	11,753	10,151	936	666
富士フイルム	化学	11,189	9,931	1,258	0
キヤノン	電気機器	10,756	9,527	570	659
三菱重	機械	10,271	8,033	75	2,163
新日鉄	鉄鋼	10,258	6,759	118	3,381
デンソー	輸送用機器	9,389	8,117	68	1,204
ＮＥＣ	電気機器	9,154	8,066	297	791
富士通	電気機器	8,567	7,023	159	1,385
三菱電	電気機器	8,271	6,152	454	1,666
豊田織	輸送用機器	7,730	4,743	1,053	1,934

(注) 単位:億円，2006 年度

気機器や輸送用機器と，内需では情報・通信業が含まれている．

また，表 3.12 の通り各無形資産別で見ると，技術資産は輸送用機器や電気機器といった技術力が重要な業種中心となっている．そして，ブランド資産については輸送用機器，食料品と消費財が多く，ブランドの訴求力が重要な業種である．人的資産については，内需業種が中心となっているが人的な要素が重要である建設業が多い．

3.3.6 有効性の検証

更に，モデルによって求められた企業の無形資産価値及び市場が評価する無形資産価値との関連性を分析して，モデルの有効性を検証する．尚，市場が評価する無形資産価値とは，自己資本を上回る株式時価総額の MVA であ

表 3.12 資産別上位 20 社

企業	業種	技術資産	企業	業種	技術資産
トヨタ	輸送用機器	49,844	武田	医薬品	10,151
日本電信電話	情報・通信業	40,626	富士フイルム	化学	9,931
ホンダ	輸送用機器	28,224	キヤノン	電気機器	9,527
日産自	輸送用機器	25,133	デンソー	輸送用機器	8,117
松下	電気機器	21,451	ＮＥＣ	電気機器	8,066
日立	電気機器	19,448	三菱重	機械	8,033
ソニー	電気機器	15,662	富士通	電気機器	7,023
東芝	電気機器	11,809	新日鉄	鉄鋼	6,759
ＪＴ	食料品	11,659	三菱電	電気機器	6,152
ＮＴＴドコモ	情報・通信業	10,197	三洋電	電気機器	5,912

企業	業種	ブランド資産	企業	業種	ブランド資産
トヨタ	輸送用機器	13,543	ＮＴＴドコモ	情報・通信業	2,711
日産自	輸送用機器	7,838	任天堂	その他製品	2,684
日本電信電話	情報・通信業	7,180	ＫＤＤＩ	情報・通信業	2,640
ソニー	電気機器	7,152	花王	化学	2,315
アサヒ	食料品	4,505	積ハウス	建設業	2,309
ＪＴ	食料品	4,147	ホンダ	輸送用機器	2,160
キリンHD	食料品	3,746	マツダ	輸送用機器	1,977
松下	電気機器	3,487	味の素	食料品	1,871
ブリヂストン	ゴム製品	3,157	スズキ	輸送用機器	1,775
日ハム	食料品	2,899	日清食	食料品	1,728

企業	業種	人的資産	企業	業種	人的資産
ＪＴ	食料品	3,654	豊田織	輸送用機器	1,934
新日鉄	鉄鋼	3,381	きんでん	建設業	1,775
日産自	輸送用機器	3,138	清水建	建設業	1,733
トヨタ	輸送用機器	3,060	三菱電	電気機器	1,666
大林組	建設業	2,782	西松建	建設業	1,628
鹿島	建設業	2,333	戸田建	建設業	1,593
ＯＬＣ	サービス業	2,297	東京ドーム	サービス業	1,483
三菱重	機械	2,163	住金	鉄鋼	1,457
王子紙	パルプ・紙	2,076	ハウス	建設業	1,441
積ハウス	建設業	2,026	富士通	電気機器	1,385

(注) 単位:億円，2006 年度

表 **3.13** 無形資産間の相関行列

	I^{income}	MVA
I^{income}	1.000 –	
MVA	0.212 8.72***	1.000 –

(注) 上段:相関係数，下段:z 値．
***:1%水準で統計的に有意，2006 年度

る．次の通り，インカム・アプローチの無形資産価値 I^{income}，株式時価総額から自己資本を控除した残差である MVA の相関係数を推計する．尚，各変数は自己資本でデフレート，また株式時価総額は 2008 年 2 月末とする．

検証の結果は表 3.13 に示す通り，各無形資産間で有意に正の相関があり，モデルの有効性が示唆される．

3.3.7　まとめ

本節では，インカム・アプローチに基づく無形資産価値評価モデルを構築し，実証分析を行った．利益，投資と無形資産との関係を明確にして，無形資産がもたらす利益として，無形資産投資の裏付がある期待 EVA を割引くことによって価値を評価するモデルである．そして，評価した無形資産価値を，更に技術資産，ブランド資産，人的資産といった特性により区分する．尚，実証分析によって本モデルによって求められた無形資産価値と，市場が評価する無形資産価値に正の相関が示され，モデルの有効性が示唆される．

尚，提示したインカム・アプローチに基づく無形資産価値評価モデルは一定の有効性が示されているが，シンプルで保守的なモデルであり，本モデルを通して議論が高まることを期待する．次節では，市場が評価する無形資産価値を参照してオプション価格理論を適用した，リアルオプションを用いた残差アプローチ・モデルを構築する．

3.4 リアルオプションを用いた残差アプローチ・モデル

3.4.1 モデルの背景

本節においては，残差アプローチに基づき，リアルオプションを用いた評価モデルを構築する．無形資産投資がMVAを原資産とするプットオプションの価値，無形資産価値をプットオプションの権利行使価格として評価するモデルであるが，以下に詳細を説明する．企業の無形資産への投資は，従来と考え方が変化しており，それに合わせてオプション理論の適用方法も変えていく必要があるため，本節において新たにモデルの提示を行う．

従来，代表的な無形資産投資である研究開発投資は，新知識の発見から開発段階を経て新製品，新事業にいたるといった，Price and Bass (1969) のリニア・モデルを前提として行われることが一般的であった．リニア・モデルでは研究開発投資を行い，成功した研究のみ事業化するため，研究開発の価値について，リアルオプションを用いた評価として，事業への投資機会のコールオプションとする手法が用いられてきた．

しかしながら，Klein (1985) をはじめリニア・モデルの単一性，一方向性，出発点の限定への批判も少なくなく，わが国においても文部科学省 (2006) の調査にもある通り，リニア・モデルといった技術主導型の研究開発投資よりも，ニーズ主導型の投資が増えている．近年，研究開発投資はより成果や効率性が求められてきており，企業は技術目標を設定し，それを確保すべく投資を行っている．それは，研究開発投資だけではなく，広告宣伝投資や人的資産への投資においても，将来事業化する機会への投資といった不確実性の高い投資よりも，必要な効果や能力を設定して投資を行っていると考えられる．

企業の付加価値の源泉が有形資産から無形資産へ移行する知識経済の進展が叫ばれているが，労働力の低下を免れることができないわが国産業にとって，無形資産を確保することが重要な課題となる．無形資産への投資は，将来の事業化への投資機会獲得というよりも，必要な見えざる資産そのものを確保するための投資という意味合いが高まっていくと考えられる．したがって，本節において新たにオプション理論を適用したモデルの提示を行う．

3.4.2 モデルの仕組

企業 i, t 期の無形資産価値は (3.33) 式の通り，企業 i, t 期の株式時価総額 M_{it} から自己資本 E_{it} を控除した残差である MVA_{it} として，株式時価総額 M_{it} に含まれて市場から評価されている．

$$\mathrm{MVA}_{it} = \mathrm{M}_{it} - \mathrm{E}_{it}. \tag{3.33}$$

しかしながら，無形資産は MVA_{it} として市場が評価していても，取引が不可能な見えざる資産であり，また MVA_{it} は無形資産がもたらす利益の期待値が変化することによって常に変化しており，MVA_{it} をそのまま無形資産価値として評価することには問題がある．

本モデルは，企業の無形資産への投資は，無形資産の将来価値を確保するためのプットオプションへの投資と見なす．したがって，無形資産の将来価値は，原資産を MVA_{it}，プットの価値を無形資産投資とするプットオプションの権利行使価格と考えられる．市場が無形資産の現在価値として MVA_{it} を高く評価していても，プットオプションへの投資である無形資産への投資が少ないのであれば，無形資産は価値を低く評価されることになる．

尚，オプションを設定するに際して，企業は権利行使の水準，すなわち確保すべく技術力やブランド力，人的能力について定義している．しかしながら，それらの価値については見えざる力であるため明示的ではなく，権利行使価格としてプットオプションである無形資産投資にインプライされているのである．ここで，プットオプションは新規の投資であり，次期には当期に投資したプットも含めて市場は無形資産価値を MVA_{it} として評価する．また，オプションの満期までの期間については，無形資産投資の成果発現期間とする．複数の無形資産への投資を行っている場合は，成果発現期間は各無形資産投資により加重平均して求める．成果発現期間は，一般的には投資の成果と投資との関係を推計することにより求められる．

すなわち，本モデルでは企業の無形資産投資は，市場が評価する将来の MVA_{it} が，一定のフロアを確保しつつ，それを上回る水準を得られるような，プロテクティブ・プットのペイオフをもたらすように実行されると考える．その上で，プットオプションの権利行使価格としてインプライされてい

る無形資産価値を評価するのである．そして，権利行使して無形資産を使用することにより利益が獲得される．企業は毎期オプションの満期により権利行使し無形資産を使用するとともに，無形資産への投資を行っている．したがって，ヨーロピアン・オプションと考えられる．

また，市場は株主価値を株式時価総額として評価し，MVA_{it} は株式時価総額にインプライされた価値であるため，負の値でも評価されることが特徴である．本モデルにおいても，この特徴を反映させるため，MVA_{it} と自己資本の和である株式時価総額を原資産，無形資産価値と自己資本の和を権利行使価格として定式化する．ここで，プットオプションには無形資産投資の他に，自己資本に対するオプション料も含まれることになるが，自己資本のボラティリティは微小であり，マネネスを1と見なせば極僅かである．そして，株式時価総額はリスク中立確率の下にあると仮定する．株式時価総額を用いた複製ポートフォリオの構成には問題もあるが，MVA_{it} にリスク中立確率が存在すると仮定するよりは妥当性があろう．また，ボラティリティと金利は一定であり，原資産に配当の支払いはないと見なす．

企業 i, t 期の株式時価総額 M_{it} は (3.34) 式の通り，幾何ブラウン運動に従うとする．

$$\frac{d\text{M}_{it}}{\text{M}_{it}} = \mu_{it}\text{d}t + \sigma_i \text{d}W_{it}. \tag{3.34}$$

ここで，μ_{it} は企業 i, t 期の株式時価総額期待収益率，σ_i は企業 i の株式時価総額ボラティリティ，W_{it} は企業 i, t 期の標準ブラウン運動である．

企業が無形資産への投資によって確保する I_{it}^e の将来価値 I_{it}^f は，(3.35) 式の通り Black-Scholes モデルのプット価格式にプットオプションの権利行使価格としてインプライされている．

$$\begin{aligned}\text{INV}_{it} = \text{I}_{it}^f exp\left(-r_t\tau_i\right)\Phi &\left[\frac{\ln\left(\frac{\text{I}_{it}^f}{\text{M}_{it}}\right) - \left(r_t - \frac{\sigma_i^2}{2}\right)\tau_i}{\sigma_i\sqrt{\tau_i}} - \sigma_i\sqrt{\tau_i}\right] \\ -\text{M}_{it}\Phi &\left[\frac{\ln\left(\frac{\text{I}_{it}^f}{\text{M}_{it}}\right) - \left(r_t - \frac{\sigma_i^2}{2}\right)\tau_i}{\sigma_i\sqrt{\tau_i}} - \sigma_i\sqrt{\tau_i}\right].\end{aligned} \tag{3.35}$$

ここで，$I_{it}^{e} = I_{it}^{\text{option}} + E_{it}$ で I_{it}^{option}，E_{it} は各々企業 i, t 期の無形資産価値，自己資本である．INV_{it} は企業 i, t 期の無形資産投資，r_t は t 期の金利（リスクフリーレート），τ_i は企業 i の満期までの期間，Φ は標準正規分布の分布関数である．そして，(3.36) 式の通り I_{it}^{e} は I_{it}^{f} の現在価値である．

$$I_{it}^{e} = I_{it}^{f} exp\left(-r_t \tau_i\right). \tag{3.36}$$

したがって，(3.35) 式は (3.36) 式を代入することにより，金利が消去された (3.37) 式となる．

$$INV_{it} = I_{it}^{e} \Phi(d_1) - M_{it} \Phi(d_2), \tag{3.37}$$
$$d_1 = \frac{\ln\left(\frac{I_{it}^{e}}{M_{it}}\right) + \frac{\sigma_i^2}{2}\tau_i}{\sigma_i \sqrt{\tau_i}},$$
$$d_2 = d_1 - \sigma_i \sqrt{\tau_i}.$$

ここで，(3.37) 式を I_{it}^{e} について解析的に解くことはできないため，I_{it}^{e} は (3.37) 式より数値解法によって求める．そして，I_{it}^{e} が求められると，(3.38) 式によって無形資産価値が求められる．

$$I_{it}^{\text{option}} = I_{it}^{e} - E_{it}. \tag{3.38}$$

更に，無形資産価値 I_{it}^{option} は投資の割合に合わせて (3.39) 式の通りに分類する．

$$\begin{aligned}I_{it}^{\text{option}} &= RC_{it}^{\text{option}} + AC_{it}^{\text{option}} + HC_{it}^{\text{option}} \\ &= I_{it}^{\text{option}} \cdot \frac{RD_{it}}{INV_{it}} + I_{it}^{\text{option}} \cdot \frac{AD_{it}}{INV_{it}} + I_{it}^{\text{option}} \cdot \frac{EL_{it}}{INV_{it}}.\end{aligned} \tag{3.39}$$

ここで，RC_{it}^{option}，AC_{it}^{option}，HC_{it}^{option} は各々企業 i, t 期の技術資産，ブランド資産，人的資産，INV_{it}，RD_{it}，AD_{it}，EL_{it} は各々企業 i, t 期の無形資産投資，研究開発費，広告宣伝費，超過人件費である．超過人件費 EL_{it} は (3.40) 式の通り，人件費総額から人件費のうち生産のために費やされる原価部分を差引いたものであり，人的資産への投資と考えられる．

$$EL_{it} = 人件費総額_{it} - 原価人件費_{it}. \tag{3.40}$$

3.4.3 モデルのインプリケイション
3.4.3.1 比較静学

上で得られたモデルを基に，各変数についての比較静学を行う．

まず，(3.35) 式において企業 i, t 期の無形資産価値 I_{it}^{option} を投資額 p_{it} によって偏微分すると，(3.41) 式の通り 0 より大きくなる．したがって，無形資産への投資が増加すると，無形資産価値も増加することが示される．(3.41) 式の値が大きいほど無形資産投資の効果が高いとも考えられるため，企業は自社の時系列の値や同業他社の値を把握し，無形資産投資へのタイミングについて意識することが望ましい．

$$\frac{\partial I_{it}^{\text{option}}}{\partial \text{INV}_{it}} = \frac{1}{\Phi(d_1)} > 0. \tag{3.41}$$

次に，(3.35) 式において企業 i, t 期の無形資産価値 I_{it}^{option} を株式時価総額 M_{it} によって偏微分すると，(3.42) 式の通り 0 より大きく，株式時価総額が増加すると，無形資産価値も増加することが示される．株式時価総額の増加は MVA の増加であり，無形資産の期待利益の増加を意味するため，無形資産価値が増加する．

$$\frac{\partial I_{it}^{\text{option}}}{\partial M_{it}} \frac{\Phi(d_2)}{\Phi(d_1)} > 0. \tag{3.42}$$

そして，(3.35) 式において企業 i, t 期の無形資産価値 I_{it}^{option} を満期までの期間 τ_i によって偏微分すると，(3.43) 式の通り 0 より小さく，期間が長いほど無形資産価値は小さいことが示される．ここで，ϕ は標準正規分布の密度関数である．期間が長いほど投資の不確実性が高く，また投資の成果発現に時間が掛かることでもあるため，無形資産価値は小さく評価される．したがって，企業にとって無形資産投資の成果発現期間について短縮させることも，投資の効果を高めるために必要なことである．

$$\frac{\partial I_{it}^{\text{option}}}{\partial \tau_i} = -\frac{I_{it}^{\text{e}} \phi(d_2) \frac{\sigma_i}{2\sqrt{\tau}}}{\Phi(d_1)} < 0. \tag{3.43}$$

また，(3.35) 式において企業 i, t 期の無形資産価値 I_{it}^{option} をボラティリ

ティ σ_i によって偏微分すると，(3.44) 式の通り 0 より小さく，ボラティリティが大きいほど無形資産価値は小さいことが示される．ボラティリティが大きいほど，投資の不確実性の高まるため，無形資産価値は小さく評価される．企業は一般的に株価上昇を経営目標とすることは多いが，ボラティリティ低下を目標とすることは少ないと思われる．しかしながら，ボラティリティ低下が無形資産価値向上に寄与することを認識し，収益拡大だけではなく収益安定化についても意識を高める必要があろう．

$$\frac{\partial \mathrm{I}_{it}^{\mathrm{option}}}{\partial \sigma_i} = -\frac{\mathrm{I}_{it}^{\mathrm{e}} \phi(d_1) \sqrt{\tau_i}}{\Phi(d_1)} < 0. \tag{3.44}$$

尚，(3.37) 式において金利が消去されたが，金利が高いほど将来の無形資産価値も高まるが，現在価値に割り引くことにより相殺されるため，無形資産価値と金利は独立である．

3.4.3.2　財務諸表との関係

無形資産を財務諸表上に表すと，図 3.7 の通りとなる．まず，B/S の貸方を見ると，資本提供者は負債については債権者，自己資本は株主である．しかしながら，MVA は株主と従業員である．企業は債権者，株主とともに従業員のものといわれる所以がここにある．そして，無形資産価値を高めることは，株主，従業員双方の利益になる．

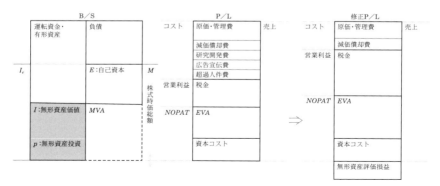

図 **3.7**　財務諸表における無形資産

また，利益還元や内部留保の使い道として，一般的に企業は B/S 上，貸方は負債返済，配当，自社株買い，借方は設備投資や金融資産への投資を選択している．しかしながら，借方において，無形資産への投資も選択肢として考慮すべきである．その際，企業が誤った投資先を選択していないか，株主はチェックする必要がある．研究開発投資については，有価証券報告書において投資する目的を開示し，また知的財産報告書や知的資産報告書を発刊する企業も増えているが，無形資産投資への情報開示は重要性が高まると考える．

そして，株価を目的変数とする株主価値重視経営が叫ばれて久しいが，本モデルを用いると，無形資産を高める投資が少なく，ボラティリティが高い企業は無形資産価値が低く評価されるため，見せ掛けの株価ではなく真の株価の実力を示唆することにもなる．

また，権利行使により無形資産を使用した場合に得られる利益は EVA である．EVA は売上からコストと税金を差引いた NOPAT(税引後営業利益)から，投下資本がもたらす利益である資本コストを控除した利益であり，無形資産がもたらす利益と考えられる．ただし，会計上コストには無形資産への投資も含まれている．コストから無形資産への投資を控除することによって求められる修正 EVA が，より無形資産がもらす利益を表すと考えられる．尚，無形資産は減耗分も含め毎期評価替えされるため，修正 P/L では，営業外に評価損益が計上される．

尚，当然ではあるが未上場企業は MVA が計上されない．しかしながら，類似上場企業の株価や株式時価総額を用いる類似企業比較法により，本モデルで無形資産価値を推定することも可能である．

3.4.3.3 既存モデルと本モデルとの比較

既存モデルと本モデルに共通する特徴としては，MVA を利用することや，原資産がリスク中立確率の下にあるとすることにより，一般的な DCF モデルと異なり，将来利益を資産の特徴に合わせて予測することなく価値を評価できることがある．

まず，残差アプローチを用いるモデルとして，伊藤・日経 (2002) の CB

バリュエーターではアンケート調査が必要であるが，McDonald and Siegel (1986) の投資機会オプション価値評価モデル，Kossovsky et al. (2002) の TRRU メトリクスとともに本モデルでは，財務データのみで算出が可能であるため，客観性のあるモデルである．

そして，オプション理論を用いるモデルとして投資機会オプション価値評価モデル，TRRU メトリクスともにコールオプションの価値を求めるものであるが，本モデルではプットオプションを用いるため，これらの既存リアルオプションモデルでは権利行使によって追加的なキャッシュフローの支出が必要となるが，本モデルでは権利行使によってキャッシュフローが獲得される．

尚，既存リアルオプションモデルは事業収益や技術のボラティリティが高いほど価値が高くなるが，本モデルではボラティリティが低く，不確実性が低いほど価値は高くなる．また，既存オプションモデルでは満期までの期間が長く，事業化，製品化までに時間が掛かるほど価値が高くなるが，本モデルでは満期までの期間が短く，早く投資の成果が発現するほど価値が高くなる．したがって，本モデルの特性はよりコモンセンスと整合的である．

そして，既存リアルプションモデルは原資産が観測不可能なためボラティリティ推計が問題となるが，本モデルでは株価ボラティリティを用いるため容易である．原資産価値についても，既存モデルでは推計する必要があるが，本モデルでは株式市場で評価されている価値を用いるため，恣意性も排除される．

また，既存リアルオプションモデルでは研究開発投資や特許権と，無形資産を特定して価値を評価する必要があるが，本モデルでは無形資産価値を包括的に評価することが可能である．

以上のことから，本モデルは非常に実用的で客観性があり，その特性もコモンセンスと整合的であると考えられる．

3.4.4　実証分析
3.4.4.1　使用するデータ

本節における実証分析では，日経 NEEDS-FinancialQUEST から取得した，上場企業 1,604 社，1999 年度〜2005 年度，連結優先ベース，連続して

取得できる．東証33業種のうち18業種の企業のデータを用いた．無形資産投資の成果発現期間については，拙稿 (2006a) の業種別推計値を用いる．

尚，株式時価総額ボラティリティ σ_i は，株価ボラティリティを代理変数として用いる．株価ボラティリティは株価月次対数リターンの標準偏差の年率換算値とするが，やや長期である2007年3月より過去5年間のサンプルを用いて推計する．これは，見えざる資産である無形資産の価値評価においては，ボラティリティは短期的な変動を控除した，企業の長期的な特徴を反映したものを用いることが望ましいと考えるためである．また，人件費は人件費，福利厚生費，役員報酬及び労務費の和，株式時価総額は，決算月前後3ヵ月末値平均値とする．

以上のデータを用いて，(3.37) 式により I_{it}^e を数値解法によって求め，(3.38) 式より無形資産価値を推定する．

3.4.4.2　無形資産価値の推定

無形資産価値の上位20社を，表3.14に示す．電機機器が5社，情報・通信業4社，精密機器も1社ランクインしており，半数が所謂ハイテク業種に属している企業となっている．ただし，上位10社には輸送用機器4社を占めており，技術，ブランド，人的資産とも上位へのランクインとなっている．

次に，各資産別の上位20社を，表3.15に示す．技術資産については，輸送用機器，電気機器，医薬品の企業が並び，これらは研究開発型産業の企業である．ブランド資産については，輸送用機器，医薬品，情報・通信業，化学と業種は分散しているが，個別企業の特徴を見ると，消費財企業が並ぶ．人的資産については，業種が分散しており，社歴の浅い企業もランクインしている．

3.4.5　有効性の検証

当期に投資したプットオプションについては，次期以降の株式時価総額にフロアの効果として影響をもたらすと考えられる．また，満期時の権利行使によって利益が獲得されるが，それにより無形資産が減耗されると考えられる．したがって，これらの効果を検証することによって，モデルの有効性を実証する．

表 3.14 無形資産価値上位 20 社

企業	業種	無形資産価値	技術資産	ブランド資産	人的資産
トヨタ自動車	輸送用機器	130,686	80,821	39,543	10,322
日産自動車	輸送用機器	43,163	18,165	9,849	15,150
武田薬品工業	医薬品	37,149	21,202	2,989	12,958
松下電器産業	電気機器	35,180	20,955	6,724	7,501
NTTドコモ	情報・通信業	33,591	17,174	8,176	8,241
ソニー	電気機器	32,737	17,741	13,995	1,001
本田技研工業	輸送用機器	32,487	24,758	3,647	4,082
日本たばこ産業	食料品	25,457	4,741	3,027	17,689
デンソー	輸送用機器	22,650	16,543	282	5,826
ヤフー	情報・通信業	22,504	210	2,402	19,892
HOYA	精密機器	16,118	6,204	3,537	6,376
富士通	電気機器	15,814	7,134	287	8,393
アステラス製薬	医薬品	15,675	8,997	1,725	4,953
ファナック	電気機器	14,804	7,664	249	6,891
シャープ	電気機器	14,670	6,846	2,276	5,548
KDDI	情報・通信業	14,260	1,456	3,051	9,753
住友金属工業	鉄鋼	14,241	4,691	0	9,550
花王	化学	13,750	2,921	6,078	4,751
信越化学工業	化学	13,212	8,893	66	4,253
日東電工	化学	13,012	4,251	0	8,761

(注) 単位:億円, 2005 年度

3.4.5.1 フロアの検証

無形資産への投資はプットオプションの購入と考えるため,当期の無形資産価値と自己資本の和 I^e が株式時価総額を上回れば,次期以降の株式時価総額は当期の I^e まで増価すると考えられる.また,株式時価総額が I^e を大きく上回るほど,投資の裏付のない増価であるため,次期以降の株式時価総額は減価する可能性が高くなる.したがって,株式時価総額リターンを株価リターンに置換え,当期の株価リターンを被説明変数,1 期前の株式時価総額 M_{it-1} に対する I^e_{it-1} の割合を説明変数,マーケットの変動をコントロールするため,属する業種指数リターンをコントロール変数とする (3.45) 式を推計する.S_{it}, S^k_{it}, ε^{fl}_{it} は企業 i, t 期における株価,k 業種指数,誤差項,a^{fl}, b^{fl}, c^{fl} を係数,変数は全て対数値,業種指数は業種別東証株価指数を用

表 3.15　無形資産種類別上位 20 社

技術資産		ブランド資産		人的資産	
トヨタ自動車	80,821	トヨタ自動車	39,543	ヤフー	19,892
本田技研工業	24,758	ソニー	13,995	日本たばこ産業	17,689
武田薬品工業	21,202	日産自動車	9,849	日産自動車	15,150
松下電器産業	20,955	NTT ドコモ	8,176	武田薬品工業	12,958
日産自動車	18,165	任天堂	7,047	トヨタ自動車	10,322
ソニー	17,741	松下電器産業	6,724	KDDI	9,753
NTT ドコモ	17,174	花王	6,078	住友金属工業	9,550
デンソー	16,543	本田技研工業	3,647	日東電工	8,761
日本電産	9,481	HOYA	3,537	富士通	8,393
アステラス製薬	8,997	スズキ	3,498	NTT ドコモ	8,241
信越化学工業	8,893	KDDI	3,051	新日本製鐵	7,753
日本電気	8,030	日本たばこ産業	3,027	松下電器産業	7,501
日本電信電話	7,709	武田薬品工業	2,989	セコム	7,094
ファナック	7,664	日本電信電話	2,772	ファナック	6,891
アドバンテスト	7,616	ヤフー	2,402	NTT データ	6,686
三菱電機	7,614	シャープ	2,276	三菱自動車工業	6,439
富士通	7,134	ニコン	2,264	HOYA	6,376
シャープ	6,846	ダイキン工業	2,004	デンソー	5,826
エーザイ	6,585	資生堂	1,983	シャープ	5,548
リコー	6,562	クボタ	1,859	オリンパス	5,358

(注) 単位:億円，2005 年度

いる．株価，業種指数ともに決算月前後 3 ヵ月末値平均値とする．モデルの有効性が高いのであれば，説明変数に対する係数 b^{fl} は有意に正になると考えられる．

分析の結果，表 3.16 の通りパネル分析において F 検定と Hausman 検定から，固定効果モデルが受容される．そして，係数 b^{fl} の推計値は有意に正となった．したがって，プットのフロア効果が示されたことになる．この結果から，無形資産への投資は，次期以降の株価を上昇させる効果があるとも考えられる．

$$\ln\left(\frac{\mathrm{S}_{it}}{\mathrm{S}_{i,t-1}}\right) = a^{\text{fl}} + b^{\text{fl}}\ln\left(\frac{\mathrm{I}^{\text{e}}_{i,t-1}}{\mathrm{M}_{i,t-1}}\right) + c^{\text{fl}}\ln\left(\frac{\mathrm{S}^{k}_{it}}{\mathrm{S}^{k}_{i,t-1}}\right) + \varepsilon^{\text{fl}}_{it}. \quad (3.45)$$

表 3.16 フロアと株式リターンのパネル分析結果

	推計値	t 値
a^{fl}	-0.090	-10.96***
b^{fl}	0.927	25.91***
c^{fl}	0.857	57.63***
自由度調整済 R^2	0.363	
F 検定	1.23***	
Hausman 検定	573.81***	
推定方法	固定	
サンプル数	6,416	

(注)***:1%水準で統計的に有意，2002 年度-2005 年度

3.4.5.2 権利行使の検証

プットを行使して無形資産を使用し，利益を獲得することにより，無形資産価値は減耗すると考えられる．実際の企業活動においては，毎期投資するだけではなく，満期に伴って権利行使もしていると考えられる．したがって，利益の増加に伴って無形資産価値の減耗が見られるか検証するため，被説明変数を無形資産価値，説明変数を利益とするパネル分析を行う．利益は (3.46) 式で各々企業 i, t 期の営業利益 OP_{it}，無形資産投資である研究開発費 RD_{it}，広告宣伝費 AD_{it}，超過人件費 EL_{it}，そして投下資本 IC_{it}，資本コスト率 (WACC)r_{it}^{wacc}，税率 r^{tax} より求める無形資産投資を含む EVA である企業 i, t 期の EVA_{it} とする．

$$\mathrm{EVA}_{it} = (\mathrm{OP}_{it} + \mathrm{RD}_{it} + \mathrm{AD}_{it} + \mathrm{EL}_{it})(1 - r^{\mathrm{tax}}) - \mathrm{IC}_{it} r_{it}^{\mathrm{wacc}}. \quad (3.46)$$

そして，被説明変数を企業 i, t 期の無形資産価値 $\mathrm{I}_{it}^{\mathrm{option}}$，説明変数を企業 i, t 期の修正 EVA である EVA_{it}，企業 i, t 期の無形資産投資 INV_{it} をコントロール変数，誤差項を $\varepsilon_{it}^{\mathrm{ex}}$，係数を a^{ex}, b^{ex}, c^{ex} として，各変数を企業 i, t 期の自己資本 E_{it} でデフレートした (3.47) 式を推計すると，モデルの有効性が高いのであれば，説明変数に対する係数 b^{ex} は有意に負になると思われる．

$$\frac{\mathrm{I}_{it}^{\mathrm{option}}}{\mathrm{E}_{it}} = a^{\mathrm{ex}} + b^{\mathrm{ex}}\frac{\mathrm{EVA}_{it}}{\mathrm{E}_{it}} + c^{\mathrm{ex}}\frac{\mathrm{INV}_{it}}{\mathrm{E}_{it}} + \varepsilon_{it}^{\mathrm{ex}}. \tag{3.47}$$

尚，WACCは，2006年8月より過去5年のTOPIX月次リターンと20年国債利回りよりリスクプレミアムを7.1%として，同じく5年間の月次株価リターンより求めた各企業のベータ値より株主資本コスト率を算出し，連結優先ベースの負債に対する支払利息・割引料の割合から負債コスト率を求めることにより算出した．投下資本は，有形資産として建設仮勘定を除いた有形固定資産，オンバランスされている無形固定資産，運転資産として流動負債を差引いた流動資産の和とする．また，税率は一時的な特別利益や税効果会計について考慮することは困難であり，わが国の法人税の実効税率を基に一律40%と見なす．

分析の結果，表3.17の通りパネル分析においてF検定とHausman検定から，固定効果モデルが受容される．そして，係数b^{ex}の推計値は有意に負となった．したがって，権利行使によりEVAを獲得すると，無形資産価値は減耗することが示された．また，係数c^{ex}の推計値は有意に正となったが，EVA獲得により無形資産が減耗すると同時に，新たな投資によって無形資産価値が高まることを示している．尚，無形資産投資を含まないEVAを用いても，これらの結果は同じであった．

表3.17 EVAと無形資産価値のパネル分析結果

	推計値	t値
a^{ex}	-1.748	-17.85***
b^{ex}	-2.692	-8.12***
c^{ex}	8.617	110.51***
自由度調整済R^2	0.709	
F検定	1.54***	
Hausman検定	107.28***	
推定方法	固定	
サンプル数	8,020	

(注)***:1%水準で統計的に有意，2001年度-2005年度

3.4.6　フォワードスタート・オプションの適用

本モデルは設定時点で権利行使価格が定められる，プレーンなオプションに基づいている．そして，設定時点において企業は確保すべく技術力やブランド力，人的能力と，権利行使の水準について定めているが，それらの価値は明示的ではなく，プットオプションである無形資産投資にインプライされていると定義している．したがって，定義により則すよう設定後の先行き時点で権利行使価格が定まりスタートする，フォワードスタート・オプションを適用してモデル化し実証分析を行う．

3.4.6.1　モデルの定義

企業は必要な無形資産を確保するために，先行きの無形資産の市場価格である MVA から一定の水準を確保するよう無形資産投資を行っていると見なす．すなわち，企業が投資をして株価を参照する，株主価値重視経営 (Rappaport 1981) に従うとする．したがって，次の通りフォワードスタート・オプションのプット価格式を用いてモデル化する．

原資産である企業 i, t 期の MVA_{it} と自己資本の和の株式時価総額が，リスク中立確率下にあり，ボラティリティと金利は一定，原資産に配当支払いはないとみなす．企業 i, t 期の株式時価総額 M_{it} は幾何ブラウン運動に従うとする．

$$\frac{\mathrm{dM}_{it}}{\mathrm{M}_{it}} = \mu_{it}\mathrm{d}t + \sigma_i \mathrm{d}W_{it}. \tag{3.48}$$

ここで，μ_{it} は企業 i, t 期の株式時価総額期待収益率，σ_i は企業 i, t 期の株式時価総額ボラティリティ，W_{it} は企業 i, t 期の標準ブラウン運動である．$\mathrm{INV}^{\mathrm{fwd}}_{it}$ を企業 i, t 期の無形資産投資，r_i, σ_i を企業 i の金利，ボラティリティ，Φ は標準正規分布の分布関数である．企業 i の満期 τ_i，先行きの時点 T_i，企業 i の確保する無形資産の水準を係数 α_i と時点 T_i の株式時価総額 M_{iT} で表した $\alpha_i \mathrm{M}_{iT_i}$ を権利行使価格として，Black-Scholes model のプット価格式に適用すると，フォワードスタート・オプション (Rubinstein 1991) として，次の通り導出される ((3.49) 式)．

$$\text{INV}^{\text{fwd}}{}_{it} = \text{M}_{it}[\alpha_i e^{-r_i(\tau_i - T_i)}\Phi(d_1) - \Phi(d_2)], \tag{3.49}$$

$$d_1 = \frac{\ln \alpha_i - \left(r_i - \dfrac{\sigma_i^2}{2}\right)(\tau_i - T_i)}{\sigma_i \sqrt{\tau_i - T_i}},$$
$$d_2 = d_1 - \sigma_i \sqrt{\tau_i - T_i}.$$

そして,$\alpha_i \sim LN\left(e^{[(r_i - \sigma_i^2/2)\tau_i]}, \sqrt{e^{2r_i\tau_i}\left(e^{\sigma_i^2 \tau_i} - 1\right)}\right)$と係数$\alpha_i$の分布は,対数正規分布である株式時価総額の満期$\tau_i$までの期待収益率の分布と同様とみなす.

企業i,t期の無形資産価値$\text{I}_{it}^{\text{fwd}}$と自己資本$\text{E}_{it}$の和$\text{I}_{it}^{\text{e}}$は,確保する無形資産の水準から$\text{I}_{it}^{\text{e}} = e^{-r_i\tau_i}\alpha_i \text{M}_{iT}$であるが,リスク中立確率下にあるため,無形資産価値$\text{I}_{it}^{\text{fwd}}$は次の通りとなる((3.50) 式).

$$\text{I}_{it}^{\text{fwd}} = e^{[-r_i(\tau_i - T_i)]}\alpha_i \text{M}_{it} - \text{E}_{it}. \tag{3.50}$$

実証分析により,α_iの分布に基づいた予測区間における無形資産価値$\text{I}_{it}^{\text{fwd}}$と,数値計算で求めた$\alpha_i$による無形資産価値$\text{I}_{it}^{\text{fwd}}$を算出し,本モデルと同じくフロアと権利行使の検証を行い,また本モデルの無形資産価値の推計値と比較する.

3.4.6.2 推計結果

(3.49) 式より数値計算で求めたα_iによる (3.50) 式の推計値の平均値,α_iの分布に基づいた 95% 予測区間による (3.50) 式の推計値の平均値は表 3.18 の通りである.尚,先行きの時点T_iは企業が無形資産投資をして,ステークホルダーや市場に説明を行った後の 1 期とする.数値計算で求めたα_iによる推計値の平均値は,予測区間による推計値の上下限間におさまる.

また,本モデルと同様にプットオプションのフロアの検証を行う.(3.45) 式を推計すると表 3.19 の分析結果の通り,1 期前の株式時価総額M_{it-1}に対する$\text{I}_{it-1}^{\text{e}}$の割合の係数$b^{\text{fl}}$の推計値は有意に正となり,プットのフロア効果が示された.

表 3.18 フォワードスタート・オプション適用モデルの無形資産価値推計値

平均値	α_i 95%予測区間		サンプル数
	下限平均値	上限平均値	
553.89	137.37	872.57	8,020

(注) 単位:億円,2001 年度-2005 年度

表 3.19 フロアと株式リターンのパネル分析結果

	推計値	t 値
a^{fl}	-0.089	-10.33***
b^{fl}	0.878	24.13***
c^{fl}	0.855	57.00***
自由度調整済 R^2	0.353	
F 検定	1.17***	
Hausman 検定	462.47***	
推定方法	固定	
サンプル数	6,416	

(注)***:1%水準で統計的に有意,2002 年度-2005 年度

次に,本モデルと同様にプットオプションの権利行使の検証を行う.(3.47)式を推計すると表 3.20 の分析結果の通り,EVA の係数 b^{fl} の推計値は有意に負となり,権利行使により EVA を獲得すると無形資産価値は減耗することが示された.

そして,本モデルとフォワードスタート・オプション適用モデルの無形資産価値推計値を比較すると,統計量は近い値となった (表 3.21).したがって,プレーンなオプションを用いて取扱いが比較的容易で実用的である,本モデルの有効性が示唆される.

表 3.20　EVA と無形資産価値のパネル分析結果

	推計値	t 値
a^{ex}	-1.725	-17.64***
b^{ex}	-2.753	-8.32***
c^{ex}	8.625	110.75***
自由度調整済 R^2	0.711	
F 検定	1.55***	
Hausman 検定	106.88***	
推定方法	固定	
サンプル数	8,020	

(注)***:1%水準で統計的に有意，2001 年度-2005 年度

表 3.21　無形資産価値統計量の比較

	平均値	標準偏差	最大値	最小値	サンプル数
本モデル	538	3,400	130,686	-2,799	8,020
フォワードスタート・オプション適用モデル	554	3,473	133,295	-2,767	

(注) 単位:億円，期間:2001 年度-2005 年度

3.4.7　モデルの応用

3.4.7.1　投資に対する弾力性

　無形資産への投資は，利益の源泉でもある無形資産価値を高め，フロアの検証の結果から次期以降の株価にポジティブな影響もあり，企業にとって内部留保の使い道の一つとしての認識も必要である．そして，無形資産投資の効果は無形資産価値の投資に対する弾力性である (3.41) 式の値が大きいほど高い．したがって，企業は自社の値を把握し，無形資産投資へのタイミングについて意識することが望ましい．そして，無形資産投資へのタイミングについて，自社の時系列値，同業他社の値の他，表 3.22 に示した業種平均値と比較することによって図ることも有効であると思われる．

表 3.22 業種別投資額に対する無形資産価値弾力性

業種名	2001 年度	2002 年度	2003 年度	2004 年度	2005 年度	平均
ガラス・土石製品	1.192	1.256	1.364	1.463	1.658	1.386
ゴム製品	1.318	1.231	1.510	1.629	2.012	1.540
サービス業	1.892	1.677	2.066	2.285	2.691	2.122
その他製品	1.314	1.221	1.454	1.440	1.617	1.409
パルプ・紙	1.619	1.411	1.523	1.357	1.609	1.504
医薬品	1.353	1.273	1.356	1.409	1.503	1.379
化学	1.179	1.142	1.283	1.345	1.520	1.294
機械	1.245	1.259	1.496	1.545	2.017	1.513
金属製品	1.061	1.079	1.207	1.298	1.445	1.218
建設業	1.134	1.123	1.319	1.236	1.446	1.252
情報・通信業	2.408	2.081	2.451	2.524	2.801	2.453
食料品	1.128	1.135	1.206	1.276	1.328	1.215
精密機器	2.486	1.508	1.491	1.369	1.624	1.695
繊維製品	1.396	1.422	1.718	2.008	2.299	1.768
鉄鋼	3.321	2.314	2.721	2.995	3.179	2.906
電気機器	1.382	1.231	1.461	1.483	1.694	1.450
非鉄金属	1.855	1.729	2.059	2.438	3.754	2.367
輸送用機器	1.150	1.137	1.302	1.416	1.661	1.333
平均	1.580	1.402	1.610	1.695	1.992	1.656

(注) 業種別平均値，サンプル数:8,020

3.4.7.2 最適資産構成

次に，バリュエーションと各無形資産との関係を検証し，各無形資産による最適な資産構成について考察する．ここでは，バリュエーションが高く株主価値にポジティブな無形資産構成を，最適資産構成とする．被説明変数をバリュエーションの高さを示す企業 i, t 期の PBR である PBR_{it}，説明変数は企業 i, t 期の自己資本 E_{it} でデフレートした無形資産である各々企業 i, t 期の研究開発資産 $\text{RC}_{it}^{\text{option}}$，ブランド資産 $\text{AC}_{it}^{\text{option}}$，人的資産 $\text{HC}_{it}^{\text{option}}$，誤差項を $\varepsilon_{it}^{\text{pbr}}$ とする (3.51) 式で示される回帰式によって，パネル分析を行う．

3.4 リアルオプションを用いた残差アプローチ・モデル

$$\text{PBR}_{it} = a^{\text{pbr}} + b^{\text{pbr}}\frac{\text{RC}_{it}^{\text{option}}}{\text{E}_{it}} + c^{\text{pbr}}\frac{\text{AC}_{it}^{\text{option}}}{\text{E}_{it}} + d^{\text{pbr}}\frac{\text{HC}_{it}^{\text{option}}}{\text{E}_{it}} + \varepsilon_{it}^{\text{pbr}}. \tag{3.51}$$

ここで，

$$\text{PBR}_{it} = \frac{\text{MVA}_{it} + \text{E}_{it}}{\text{E}_{it}}, \frac{\text{I}_{it}^{\text{option}} + \text{E}_{it}}{\text{E}_{it}} = \frac{\text{E}_{it}}{\text{E}_{it}} + \frac{\text{RC}_{it}^{\text{option}}}{\text{E}_{it}} + \frac{\text{BC}_{it}^{\text{option}}}{\text{E}_{it}} + \frac{\text{HC}_{it}^{\text{option}}}{\text{E}_{it}},$$

であるため，各資産に対する市場の評価が等しければ，係数は全て 1 となる．

表 3.23 の通りパネル分析の結果，F 検定と Hausman 検定から，固定効果モデルが受容される．そして，技術資産対する係数は 1 より大きく，ブランド資産については 1 より小さく，人的資産については 1 程度となった．したがって，市場は技術資産については割高に，ブランド資産については割安に評価していると考えられる．株主価値を高めるためには，無形資産のうち，技術への投資が有効であると考えられるとともに，現時点において市場は技術や人への投資は無形資産への投資と認識するが，ブランドへの投資，広告宣伝費についてはそのまま費用として捉える意識が高いとも考えられる．

表 3.23 バリュエーションと各無形資産価値のパネル分析結果

	推計値	t 値
a^{pbr}	-1.748	-17.85***
b^{pbr}	1.210	32.52***
c^{pbr}	0.024	1.89***
d^{pbr}	1.015	259.44***
自由度調整済 R^2	0.998	
F 検定	5.65***	
Hausman 検定	52.42***	
推定方法	固定	
サンプル数	8,020	

(注)***:1%水準で統計的に有意，2001 年度-2005 年度

3.4.8 まとめ

本節では，残差アプローチに基づき，リアルオプションを用いた無形資産価値評価モデルを構築した．リアルオプションを用いて評価する手法として，従来事業への投資機会コールオプションとして評価する手法が用いられてきた．また，無形資産は取引が不可能である見えざる資産であるため，残差アプローチとして市場が評価する無形資産価値を，そのまま評価価値とすることには問題がある．本モデルは，企業は無形資産を確保するために投資を行うとして，確保された無形資産価値を，残差アプローチにより評価される無形資産価値を原資産とする，プットオプションの権利行使価格と見なして評価する．また，従来のモデルは適用に際してボラティリティや原資産価値の推計と困難な面もあるが，本モデルでは市場で評価されている数値を利用するため容易であり，実用的である．また，一般に公開されている財務データを用いるため，客観的なモデルでもある．そして，実証分析によって本モデルで算出した無形資産価値によるプットのフロア効果，権利行使の効果が示された．これは，モデルの有効性を実証するものであるが，プットのフロア効果は株価へのポジティブな影響も示唆する．

尚，オプション設定後の先行き時点で権利行使価格が定まりスタートする，フォワードスタート・オプションを適用してモデル化し実証分析を行ったが，フロアや権利行使の効果が認められ，無形資産価値推計値に本モデルと大きな差は示されなかった．

また，無形資産への投資は，利益還元や内部留保の使い道の一つであることを明らかにした．そして，無形資産価値の無形資産投資に対する弾力性による，投資タイミングについての示唆を得ることができた．また，各無形資産価値とバリュエーションとの関係から，現時点では市場は技術資産や人的資産については無形資産として認識するが，ブランド資産については費用として認識が高いこと示唆された．

本モデルの特性はコモンセンスと整合的であり，株価ボラティリティの利用やプレーンなオプションを用いるため取扱いが比較的容易であるが，推計に数値解法は要す．次節においては，生産関数をパネル分析で推計するシンプルな考え方に基づいた，パネル・データ・アプローチ・モデルを考案する．

3.5 パネル・データ・アプローチ・モデル

3.5.1 モデルの概念

本節においては,パネル・データを用いた無形資産価値評価モデルを構築する.生産関数をパネル分析によって推計し,企業毎に固有の見えざる固定効果を用いたサプライサイドの評価手法である.

まず,本モデルにおける無形資産に関して説明する.(3.52) 式は Cobb and Douglas (1928) が示した Cobb-Douglas 型生産関数である.Q_{it},K_{it},L_{it} は,各々企業 i の t 期における付加価値,資本,労働を示す.また,a,α,β はパラメータである.ε_{it}^{Q} は誤差項であるが,$\delta_{ij}\delta_{ts}$ はクロネッカーデルタであり,互いに独立で同一の分布に従うとする.そして,全企業の集合 V は,$V = \{i \in \{1,...,N\}\} \subset \mathbb{N}$,$\mathbb{N}$ は全自然数の集合である.

$$Q_{it} = a_i K_{it}^{\alpha} L_{it}^{\beta} e^{\varepsilon_{it}^{Q}}, \tag{3.52}$$

$$\varepsilon_{it}^{Q} \sim N(0, (\sigma_{it}^{Q})^2), Cov(\varepsilon_{it}^{Q}, \varepsilon_{js}^{Q}) = (\sigma_{it}^{Q})^2 \delta_{ij}\delta_{ts}.$$

ここで,パラメータ a は技術水準を示すが,付加価値 Q に対する生産要素以外の包括的な効果であり,生産要素である資本 K や労働 L に体化された技術のみならず,販売力,組織力,ノウハウ,すなわち a は無形資産の効果を示すと考える.

尚,先行研究 (Lev and Radhakrishnan 2003, Ramirez and Hachiya 2008, Ramirez and Hachiya 2006a;2006b, Sadowski and Ludewig 2003) のプロセスに従えば,すなわち (3.52) 式をパネル分析によって推計することにより,無形資産がもたらす付加価値を求めることができる.しかしながら,付加価値には減価償却費や人件費と費用が含まれており,付加価値を割り引くことのみでは企業価値としての無形資産価値を求めることはできない.したがって,生産関数とともに費用関数を定義し,パネル分析によって推計し,固定効果を用いて無形資産がもたらす付加価値及び費用を求めて割り引くことによって価値を評価する.

3.5.2 モデルの詳細

Solow (1957) をはじめとする成長会計では，技術進歩，すなわち全要素生産性の成長について Hulten (2000) の通り議論が重ねられてきた．したがって，(3.53) 式の通り無形資産の効果 a は企業毎の効果 A とタイムトレンドとして成長率 λ を反映させる．尚，成長率はセグメントダミー D と時間変数 t との交互作用項のパラメータとすることによりセグメント h 毎に表す．また，Cobb and Douglas (1928) が示したように，一次同次を仮定する．そして，ε_{it}^Q は誤差項であるが，$\delta_{ij}\delta_{ts}$ はクロネッカーデルタであり，互いに独立で同一の分布に従うとする．

$$Q_{it} = A_i e^{\sum_h^M \lambda_h D_h(i) t} K_{it}^\alpha L_{it}^\beta e^{\varepsilon_{it}^Q}, \tag{3.53}$$

$$\alpha + \beta = 1,$$

$$\varepsilon_{it}^Q \sim N(0, (\sigma_{it}^Q)^2), Cov(\varepsilon_{it}^Q, \varepsilon_{js}^Q) = (\sigma_{it}^Q)^2 \delta_{ij}\delta_{ts}.$$

ここで，$V = \bigcup_{h=1}^{M} V_h$ であり，D は次の通りである．

$$D_h(i) := \begin{cases} 1 & i \in V_h \\ 0 & i \notin V_h. \end{cases} \tag{3.54}$$

そして，(3.53) 式の両辺について対数変換を行い (3.55) 式の通りに変形し，パネル分析によって推計し，$\ln A$ は企業 i 毎に固定効果として求める．

$$\ln \frac{Q_{it}}{L_{it}} = \ln A_i + \sum_h^M \lambda_h D_h(i) t + \alpha \ln \frac{K_{it}}{L_{it}} + \varepsilon_{it}^Q. \tag{3.55}$$

ここで，付加価値 Q，利潤 π は一般的に次の通り定義される．p はデフレーターである．

$$pQ = 営業利益 + 減価償却費 + 人件費. \tag{3.56}$$

$$\pi = 営業利益 - 金利 - 税金. \tag{3.57}$$

(3.56)(3.57) 式より利潤 π は (3.58) 式の通りに示すことができる．

$$\pi = \mathrm{pQ} - (減価償却費 + 人件費 + 金利 + 税金). \tag{3.58}$$

ここで，(3.58) 式の右辺第 2 項は費用 C である．

$$\mathrm{C} = 減価償却費 + 人件費 + 金利 + 税金. \tag{3.59}$$

(3.58)(3.59) 式より企業 i, t 期における利潤 π_{it} は，次の通り定義できる．p_t は t 期のデフレーターである．

$$\pi_{it} = \mathrm{p}_t \mathrm{Q}_{it} - \mathrm{C}_{it}. \tag{3.60}$$

本モデルにおいて，費用 C は双対性アプローチを用いて求める．すなわち，企業は一定の生産をするにあたり，費用を最も小さくするように生産要素を組合せると見なすと，生産関数を基にして費用関数が定まる．生産関数と費用関数の双対性はミクロ経済学の基本的概念の一つであるが，Samuelson (1947), Shephard (1953:1970), Uzawa (1964), Diewert (1971), Fuss and McFadden (1978), Nadiri (1982) らにより議論が展開されている．企業 i の t 期における費用 C_{it} は，生産関数 (3.53) 式を基に (3.61) 式の Cobb-Douglas 型費用関数として定義する．

$$\mathrm{C}_{it} = (\alpha+\beta)(\mathrm{A}_i e^{\sum_j^M \lambda_h D_h(i) t} \alpha^\alpha \beta^\beta)^{-\frac{1}{\alpha+\beta}} \mathrm{R}_{it}^{\frac{\alpha}{\alpha+\beta}} \mathrm{W}_{it}^{\frac{\beta}{\alpha+\beta}} \mathrm{Q}_{it}^{\frac{1}{\alpha+\beta}} e^{\varepsilon_{it}^\mathrm{C}}, \tag{3.61}$$

$$\alpha + \beta = 1,$$

$$\varepsilon_{it}^\mathrm{C} \sim N(0, (\sigma_{it}^C)^2), Cov(\varepsilon_{it}^\mathrm{C}, \varepsilon_{js}^\mathrm{C}) = (\sigma_{it}^\mathrm{C})^2 \delta_{ij} \delta_{ts}.$$

ここで，R_{it}, W_{it} は各々企業 i, t 期における名目資本レンタル率，名目賃金率である．尚，名目資本レンタル率は減価償却費，金利と税金の和を実質資本で叙し，名目賃金率は人件費を従業員数で叙して求める．そして，生産関数と同じく，一次同次を仮定する．$\varepsilon_{it}^\mathrm{C}$ は誤差項であるが，$\delta_{ij}\delta_{ts}$ はクロネッカーデルタであり，互いに独立で同一の分布に従うとする．(3.61) 式と (3.53) 式より推計された付加価値 Q_{it} やパラメータ a_i, α, β, λ より (3.62) 式が示される．

$$\hat{C}_{it} = (\hat{a}_i \hat{\alpha}^{\hat{\alpha}} \hat{\beta}^{\hat{\beta}})^{-1} R_{it}^{\hat{\alpha}} W_{it}^{\hat{\beta}} \hat{Q}_{it}. \tag{3.62}$$

尚，(3.63) 式は生産関数と費用関数からなる，(3.60) 式より求めた利潤関数である．ここで，(3.63) 式の誤差項は本モデルの生産関数と同じく相対誤差としているが，変数の値が負でも可能な形としている．そして，$\delta_{ij}\delta_{ts}$ はクロネッカーデルタであり，互いに独立で同一の分布に従うとする．

$$\pi_{it} = \{p_t A_i e^{\sum_j^M \lambda_h D_h(i)t} K_{it}^\alpha L_{it}^\beta - (A_i e^{\sum_j^M \lambda_h D_h(i)t} \alpha^\alpha \beta^\beta)^{-1} R_{it}^\alpha W_{it}^\beta Q_{it}\}(1+\varepsilon_{it}^\pi), \tag{3.63}$$

$$\alpha + \beta = 1,$$

$$\varepsilon_{it}^\pi \sim N(0, (\sigma_{it}^\pi)^2), Cov(\varepsilon_{it}^\pi, \varepsilon_{js}^\pi) = (\sigma_{it}^\pi)^2 \delta_{ij}\delta_{ts}.$$

本来の企業活動としては，利潤最大化を目的として生産量と費用を同時に決定する．利潤関数 (3.63) 式を推計する方が望ましいが，非線形関数となり推計が困難であり実用的ではない．したがって，まず本モデルは生産関数を対数変換し，推計が容易な線形関数とした (3.55) 式のパラメータを求めることとした．次に，利潤最大化行動を前提としてパラメータを (3.53) 式の費用関数に用いることで (3.62) 式の推計式を求め，実務に用いやすいモデルとした．

次に，企業 i, t 期における無形資産の効果を含む名目エクイティの推定値 E は，次の通り求める．

$$E_{it} = \frac{p_t \hat{Q}_{it} e_j^\lambda}{r_i - \lambda_h} - \frac{\hat{C}_{it}}{r_i}. \tag{3.64}$$

右辺第 1 項の名目付加価値の現在価値から，右辺第 2 項の名目費用の現在価値を控除している．p_t は t 期のデフレーター，r_i は企業 i の株主資本コスト率である．尚，利潤を割引率で割引くことによって，エクイティの現在価値が求められる．しかしながら，名目付加価値はセグメント h の成長率 λ_h で成長し，名目費用は一定と見なすため，付加価値から費用を控除した利潤 π ではなく，各々を割引いた後に差引いて価値を求める．そして，無形資産の効果がない名目エクイティの推定値 E^{nonI} は次の通りである．

$$E_{it}^{nonI} = \frac{p_t K_{it}^{\hat{\alpha}} L_{it}^{\hat{\beta}}}{r_i} - \frac{(\hat{\alpha}\hat{\beta})(R_{it}^{nonI})^{\hat{\alpha}}(W_{it}^{nonI})^{\hat{\beta}} K_{it}^{\hat{\alpha}} L_{it}^{\hat{\beta}}}{r_i}. \tag{3.65}$$

ここで,企業 i, t 期における無形資産の効果がない場合の名目資本レンタル率 R^{nonI},名目賃金率 W^{nonI} は次の通りである.

$$R_{it}^{nonI} = R_{it} \frac{p_t K_{it}^{\hat{\alpha}} L_{it}^{\hat{\beta}}}{r_i} \frac{r_i - \lambda_h}{p_t \hat{Q}_{it} e^{\lambda_h}}. \tag{3.66}$$

$$W_{it}^{nonI} = W_{it} \frac{p_t K_{it}^{\hat{\alpha}} L_{it}^{\hat{\beta}}}{r_i} \frac{r_i - \lambda_h}{p_t \hat{Q}_{it} e^{\lambda_h}}. \tag{3.67}$$

(3.66)(3.67) 式は各々 R,W に付加価値の推計値の現在価値に対する,無形資産の効果がない場合の付加価値の現在価値の比率を掛けている.(3.65) 式は右辺第 1 項の無形資産の効果がない場合の付加価値の現在価値から,右辺第 2 項の無形資産の効果がない場合の費用の現在価値を控除している.(3.64)(3.65) 式より,企業 i, t 期における無形資産価値 I_{it}^{panel} は (3.68) 式の通り求められる.

$$I_{it}^{panel} = E_{it} - E_{it}^{nonI}. \tag{3.68}$$

3.5.3 実証分析

次に,本節のモデルを用いて上場企業の無形資産価値を推定する.

3.5.3.1 使用するデータ

モデルの推計には,日経 NEEDS-FinancialQUEST より 2002 年度〜2007 年度の連続して取得できた,財務データの様式が一般事業会社と大きく異なる金融を除く上場企業,2003 年度〜2007 年度の延べ 6,065 社のパネル・データを用いて,2007 年度の無形資産価値を求める.尚,本書においてはパネル分析を用いた無形資産価値推計についての基本的な考え方を示すことが目的であるため,推計に複雑な手法を用いる必要がある Unbalanced Panel ではなく,Balanced Panel を用いている.また,Matyas and Lovrics (1991) によればサンプル数が 250 以上あれば Balanced Panel にした場合

のバイアスは微小であることを示しており，バイアスに留意しなくてもよい程度の大サンプルを用いている．

そして，資本 K は建設仮勘定を控除した有形固定資産，労働 L は従業員数，人件費は人件費・福利厚生費，役員報酬，労務費の和とする．また，税金は一時的な特別損益や税効果会計について考慮することは困難であり，中長期的な税率とするため，わが国の法人税実効税率を基に営業利益から支払利息・割引料を控除した後の利益の一律 40% とする．そして，有形固定資産，建設仮勘定，設備投資，減価償却費は設備投資デフレーター，営業利益，人件費・福利厚生費，役員報酬，労務費，支払利息・割引料は GDP デフレーターを用いてデフレートすることにより実質化する．以上より企業 i，t 期の資本 K_{it} は，次の通り得られる．

$$K_{it} = p_t(有形固定資産_{it} - 建設仮勘定_{it}). \tag{3.69}$$

ここで，企業 i，t 期の建設仮勘定を控除した有形固定資産は，p_t によってデフレートされる．$p_t = P_t/P_u$ であり，P_t，P_u は各々 t 期，基準期である u 期の民間企業設備デフレーターである．尚，財務データに表れない見えざる効果を，全て包括的に無形資産の効果として求めることが，本モデルの特徴であり，資本 K や労働 L といった生産要素はシンプルにしている．すなわち，資本に体化された技術や質を精緻に生産要素に反映させていけば，本モデルにおいて無形資産の効果は最終的には評価できなくなる．Lev and Radhakrishnan (2003), Ramirez and Hachiya (2006a;2006b), Ramirez and Hachiya (2008) といった，パネル・データ・アプローチを用いる既存研究においても，シンプルな生産要素を用いている．更に本稿においては，明らかに資本 K として過大バイアスとなる建設仮勘定を有形固定資産から控除している．

また，安定的な推計結果を得るために，東証 17 業種分類を集約し製造業である素材，加工及び非製造業の 3 セグメントに区分し，V_1=素材，V_2=加工，V_3=非製造業とする．そして，資本コスト率 r は CAPM より推計するが，まずリスクプレミアムはわが国の多くの実証分析で用いられている，Ibbotson (2007) の長期エクイティリスクプレミアムの 1952 年〜2006

年より 9.9% とする．そして，ベータ値は中長期的な将来の資本コスト率を推計するために，2007 年末の対 TOPIX60 ヵ月月次ベータをベイジアン修正 (Vasicek, 1973) して推計した．そして，資本コスト率は GDP デフレーターを用いて実質化した．

3.5.3.2 無形資産価値の推定

まず，(3.4) 式の推計については，within-group 推計によって行う．各変数を企業 i 毎の平均値からの差とする within 変換を行った，(3.70) 式を推計する．変数上部のチルダは within 変換を行った後の変数を示す．尚，$\ln \tilde{A}_i = 0$ であり，固定効果が除かれる．

$$\ln \frac{\tilde{Q}_{it}}{L_{it}} = \ln \tilde{A}_i + \sum_{h}^{M} \lambda_h D_h(i)\tilde{t} + \alpha \ln \frac{\tilde{K}_{it}}{L_{it}} + \varepsilon_{it}^{Q}. \tag{3.70}$$

推計結果については表 3.24 の通り，α 及び成長率を示す λ は有意に正である．尚，3 セクターに集約する前の 17 セクターで推計した場合は，5 セクターで有意な値とならなかった．

そして，推計したパラメータと変数の企業 i 毎の平均値より，(3.71) 式の通り固定効果を求める．ここで，変数上部のバーは企業 i 毎の平均値を示す．

表 3.24 (3.70) 式推計結果

	推計値	t 値
λ_1	0.019	7.441***
λ_2	0.016	6.617***
λ_3	0.010	4.191***
α	0.309	22.824***
自由度調整済 R^2	0.087	
サンプル数	6,065	

(注)***:1%水準で統計的に有意，固定効果も含んだ自由度調整済 R^2 は 0.926

表 3.25 固定効果モデルの有効性検定の結果

検定	統計量種別	統計量
F 検定	F 値	38.359***
Hausman 検定	カイ 2 乗値	79.453***

(注)***:1%水準で統計的に有意

$$\ln \hat{A}_i = \ln \frac{\bar{Q}_{it}}{L_{it}} - \sum_h^M \hat{\lambda}_h D_h(i)\bar{t} - \hat{\alpha}\ln \frac{\bar{K}_{it}}{L_{it}}. \quad (3.71)$$

尚，表 3.25 の通り，固定効果が全て等しいとする帰無仮説が，F 検定の結果から棄却された．また，固有効果と説明変数に相関がないとする帰無仮説が，Hausman 検定の結果から棄却されたため，ランダム効果モデルは一致性をもたず，固定効果モデルが一致かつ有効推定量を得る．

次に，(3.55) 式を推計することによって求めたパラメータを用いて，(3.62) 式から (3.68) 式まで順次推計して，無形資産価値を求める．

尚，2007 年度の無形資産価値上位 20 社には表 3.26 の通り，情報通信，電力，運輸といった公益系企業のほか，電機・精密や輸送用機器といったグローバルな企業が含まれている．そして，表 3.27 に無形資産，総資産，自己資本やこれらの資産に対する無形資産の比率について示した．

3.5.4 有効性の検証

Cobb-Douglas 型関数の適切性確認，利潤関数と生産関数のパラメータ推計値の比較，株式時価総額と自己資本の関連性と無形資産を追加した場合の関連性と比較することによって，モデルの有効性を検証する．

3.5.4.1 Cobb-Douglas 型関数の適切性

Cobb-Douglas 型関数の適用が適切か否かについて，代替の弾力性が 1，規模に関して収穫一定という 2 つの条件について，CES 型生産関数 (3.72) 式を推計することにより代替の弾力性と規模の経済性が 1 に近いか検証する．

$$Q_{it} = A[\delta K_{it}^{-\rho} + (1-\delta)L_{it}^{-\rho}]^{-\frac{\mu}{\rho}}(1 + e^{\varepsilon_{it}^{ces}}). \quad (3.72)$$

表 3.26 無形資産価値上位 20 社

	企業	無形資産	セグメント	業種	自己資本
1	日本電信電話	293,737	非製造業	情報通信・サービスその他	74,108
2	ＮＴＴドコモ	185,979	非製造業	情報通信・サービスその他	42,765
3	トヨタ自動車	178,153	加工	自動車・輸送機	118,695
4	東京電力	110,256	非製造業	電力・ガス	26,538
5	中部電力	90,455	非製造業	電力・ガス	17,127
6	ホンダ	72,649	加工	自動車・輸送機	45,443
7	日産自動車	71,293	加工	自動車・輸送機	35,050
8	キヤノン	63,356	加工	電機・精密	29,223
9	関西電力	57,522	非製造業	電力・ガス	18,405
10	ＪＴ	55,817	加工	食品	20,761
11	武田薬品工業	53,745	加工	医薬品	22,808
12	ＫＤＤＩ	48,313	非製造業	情報通信・サービスその他	16,833
13	九州電力	38,939	非製造業	電力・ガス	10,670
14	東北電力	33,001	非製造業	電力・ガス	9,642
15	富士フイルム HD	31,416	素材	素材・化学	19,224
16	東海旅客鉄道	31,172	非製造業	運輸・物流	9,150
17	新日本製鐵	29,244	素材	鉄鋼・非鉄	19,088
18	信越化学工業	22,276	素材	素材・化学	14,388
19	新日本石油	19,765	素材	エネルギー資源	13,098
20	中国電力	17,958	非製造業	電力・ガス	7,060

(注) 単位:億円, 2007 年度

表 3.27 無形資産とその他資産の平均値・中央値

	無形資産 (億円)	総資産 (億円)	自己資本 (億円)	無形資産／総資産	無形資産／自己資本
平均値	2,026	4,566	1,733	0.36	0.78
中央値	255	942	446	0.27	0.61
サンプル数	1,213	1,213	1,213	1,213	1,213

(注) 2007 年度

ここで,Q_{it}, K_{it}, L_{it}, $\varepsilon_{it}^{\text{ces}}$ は企業 i, t 期の付加価値, 資本, 労働, 誤差項, A は技術水準, δ, ρ, μ はパラメータである.

(3.72) 式の推計結果は表 3.28 の通りであり, 代替の弾力性は $1/(1+\rho)=0.998$, 規模の経済性 $\mu=0.974$ と 1 と近く, Cobb-Douglas 型関数を用いることが

適正であると示唆する．

表 3.28 (3.72) 式推計結果

	推計値	標準誤差
A	9.465	0.07279
δ	0.309	0.00243
ρ	0.002	0.00620
μ	0.974	0.00110
サンプル数	6,065	

3.5.4.2 利潤関数と生産関数のパラメータ比較

生産関数と費用関数からなる (3.63) 式の利潤関数と，生産関数のパラメータ推計値を比較する．本来の企業活動としては，利潤最大化を目的として生産量と費用を同時に決定するため，利潤関数 (3.63) 式を推計することが望ましいが，非線形関数となり推計が困難であり実用的ではない．本モデルではまず生産関数を対数変換し，推計が容易な線形関数とした (3.55) 式のパラメータを求めることとした．次に，利潤最大化行動を前提としてパラメータを (3.61) 式の費用関数に用いることで (3.62) 式の推計式を求め，実務に用いやすいモデルとした．したがって，利潤関数と生産関数を推計したパラメータを比較し，本モデルの有効性を検証する．

推計結果については表 3.29 の通り全サンプルで推計した場合，表 3.24 の本モデルの生産関数の推計値と概ね近い値となった．尚，(3.63) 式の推計時間は 20 分 45 秒であった (CPU:2.27GHz, RAM:4.00GB)．

表 3.29 (3.63) 式推計結果-全サンプル

	推計値	標準誤差
λ_1	0.021	0.000040
λ_2	0.017	0.000005
λ_3	0.010	0.000089
α	0.317	0.000005
サンプル数	6,065	

表 3.30　(3.70)(3.63) 式推計結果-セグメント別

	生産関数 (3.70) 式		利潤関数 (3.63) 式	
	推計値	t 値	推計値	標準誤差
λ_1	0.019	7.323***	0.019	0.000021
α	0.287	11.768***	0.298	0.000014
サンプル数	1,785		1,785	
λ_2	0.016	6.924***	0.015	0.000075
α	0.411	14.403***	0.412	0.000030
サンプル数	2,170		2,170	
λ_3	0.009	3.684***	0.010	0.000012
α	0.276	13.381***	0.290	0.000028
サンプル数	2,110		2,110	

(注)***:1%水準で統計的に有意

表 3.31　(3.70)(3.63) 式推計結果-別サンプル

	生産関数 (3.70) 式		利潤関数 (3.63) 式	
	推計値	t 値	推計値	標準誤差
λ_1	0.035	13.454***	0.038	0.000184
λ_2	0.026	11.236***	0.027	0.000024
λ_3	0.021	8.632***	0.022	0.000404
α	0.302	22.554***	0.302	0.000023
サンプル数	6,065		6,065	

(注)***:1%水準で統計的に有意

　また,更にセグメント毎に推計した結果 (表 3.30) においても,本モデル推計値と大きな違いはなくモデルの有効性が示唆される.

　そして,2007 年度の無形資産価値を求めるために用いた 2003 年度〜2007 年度の 1,213 個体と同じ個体を用いた,2002 年度〜2006 年度の延べ 6,065 社のサンプルを用いて,頑健性の確認のため同様の推計した結果 (表 3.31),(3.63) 式の利潤関数と生産関数 (3.70) 式のパラメータ推計値に大きな違いはなかった.

　尚,α は固定効果で個体要因をコントロールすることにより抽出すること

表 3.32 推計結果-セグメント別

	無形資産平均値		t 値	サンプル数
	全サンプル	セグメント別		
全体	0.363	0.353	0.614	1,213
素材	0.338	0.340	0.082	357
製造業	0.364	0.356	0.328	434
非製造業	0.385	0.360	0.621	422

ができた，全企業に普遍的な資本分配率である．共通の α を求め，個体毎の要因を無形資産の効果とするのが本モデルの本質であり，a_i に生産要素に体化された技術をはじめ全ての見えざる効果が反映される．

また，本モデルにおいて，セグメントダミー D と時間変数 t との交互作用項のパラメータ λ に見えざるセグメント効果を反映させて推計するため，サンプルはセグメント分けしていない．しかしながら，セグメント別にサンプルを分けて推計した場合，そのセグメント固有の見えざる効果は，無形資産の効果 a の中に捉えることができず，α に含まれることになる．したがって，本モデルはセグメントダミーを用いるが，$\alpha + \beta = 1$ の特性及び制約があるため，セグメント別にサンプルを分けたモデルと最終的には無形資産価値は大きく異ならない．

本モデルとセグメント別に分けたサンプルで求めた無形資産価値を，表 3.32 の通り各々総資本でデフレートして有意差 t 検定を行ったが，有意差は認められず両者に大きな違いは示されなかった．

3.5.4.3 自己資本及び無形資産と株式時価総額との比較

株式時価総額と自己資本の関連性と無形資産を追加した場合の関連性とを比較して，モデルの有効性を検証する．自己資本の市場価値である株式時価総額は，Benzion (1978) の通り自己資本簿価と無形資産価値で示される．したがって，被説明変数を株式時価総額として説明変数に自己資本簿価，更に本モデルで推定した無形資産価値を追加した場合で自由度調整済決定係数

表 3.33　株式時価総額と自己資本との関係

	係数	t 値
定数項	0.024	1.011
自己資本簿価	1.100	24.182***
自由度調整済 R^2	0.325	
サンプル数	1,213	

(注)***:1%水準で統計的に有意

表 3.34　株式時価総額と自己資本及び無形資産との関係

	係数	t 値
定数項	0.023	1.055
自己資本簿価	0.865	18.586***
無形資産	0.320	12.755***
自由度調整済 R^2	0.405	
サンプル数	1,213	

(注)***:1%水準で統計的に有意

が高まるか，2007年度のサンプルを用いて検証する．尚，株式時価総額は決算期末値を用いる．また，各変数は規模の影響を向上するために総資産でデフレートし，より実態に即した分析結果を示すため外れ値修正として 3σ 以上はトランケイトする．

株式時価総額と自己資本簿価の関係は，有意に正の関係がある (表 3.33)．表 3.34 の通り，説明変数に無形資産価値を加えると同じく有意に正の関係が示されるが，自由度調整済決定係数は高まった．無形資産価値は株式時価総額と自己資本簿価との関連性に有意に追加する情報を与えており，モデルの有効性が示唆される．尚，外れ値修正前の変数においても同様に無形資産を追加した場合，自由度調整済決定係数は高まった．

更にセグメントダミーを加工 D_2，非製造業 D_3 と加えて同様の分析を行ったが，結果は同じく無形資産を追加した場合，自由度調整済決定係数は高まった (表 3.35，表 3.36)．

表 3.35　株式時価総額と自己資本との関係-セグメントダミー

	係数	t 値
定数項	-0.062	-2.037**
自己資本簿価	1.128	21.352***
D_2	0.117	4.514***
D_3	0.114	12.755***
自由度調整済 R^2	0.302	
サンプル数	1,213	

(注)***:1%水準，**:5%水準で統計的に有意

表 3.36　株式時価総額と自己資本及び無形資産との関係-セグメントダミー

	係数	t 値
定数項	-0.065	-2.189**
自己資本簿価	0.907	16.041***
無形資産	0.266	9.177***
D_2	0.118	4.806***
D_3	0.127	5.200***
自由度調整済 R^2	0.347	
サンプル数	1,213	

(注)***:1%水準，**:5%水準で統計的に有意

3.5.5　まとめ

本節ではパネル・データを用いた無形資産価値評価モデルを構築し，実証分析を行った．パネル・データを用いた評価アプローチは，生産関数をパネル分析によって推計し，企業毎に固有の見えざる固有効果を用いたサプライサイドの評価手法である．本モデルは，生産関数及び費用関数を定義し，生産関数をパネル分析によって推計し，固定効果を用いて無形資産がもたらす付加価値及び費用を割引くことによって価値を評価する．

尚，上場企業のデータを用いた実証分析において，生産関数と費用関数からなる非線形な利潤関数と，本モデルで用いる対数変換後に線形となる生産関数のパラメータ推計値を比較すると，概ね近い値となった．また，株式時

価総額と自己資本簿価の関係よりも，株式時価総額と自己資本簿価及び無形資産価値の方が高い関連性を示した．

本モデルは推計が容易で利用しやすいモデルであるが，実証分析の結果も有効性が示され，運用実務での応用も期待される．

3.6　考察

無形資産価値評価モデルについて説明し実証分析を行ったが，その上で各モデルを比較し考察する．

まず，評価額の大きさについてサンプル企業群が異なるため，代表的な企業であるトヨタ自動車を例として考察する．コスト・アプローチ (表 3.2)，インカム・アプローチ (表 3.11)，リアルオプションを用いた残差アプローチ (表 3.14)，パネル・データ・アプローチ (表 3.26) の各モデル順に，16,732 億円，66,447 億円，130,686 億円，178,153 億円である．株式時価総額の影響を受けるリアルオプションを用いた残差アプローチ・モデルを除くうちで，コスト・アプローチ・モデルが最も低く，パネル・データ・アプローチ・モデルが最も高く評価している．

コスト・アプローチ・モデルについては，無形資産投資額のみから評価していることによる．そして，インカム・アプローチ・モデルについては無形資産投資の裏付のある期待 EVA からの資産化に加えて，無形資産投資から独立したターミナルバリューも評価しており，コスト・アプローチ・モデルの評価額を上回ると考えられる．また，パネル・データ・アプローチ・モデルについては，生産要素である資本と労働以外の全ての包括的な無形資産の効果を資産化しているため，高く評価していると考えられる．

次に，無形資産価値上位の業種別の特徴について考察する．まず，コスト・アプローチ・モデルの上位 (表 3.2) は情報通信，電気機器，輸送用機器といった技術を要すため研究開発費が多く，消費者向けの広告も要す業種である．また，人的資産の上位に繊維製品の一角が含まれているがアパレル販売力として人的資産投資を行っていると考えられる (表 3.3)．インカム・アプローチ・モデルの上位 (表 3.11) は輸送用機器，電気機器，情報通信と，コスト・アプローチと同様であった．主にコスト・アプローチ・モデルの基で

もある無形資産投資に，裏付のある期待 EVA を割引くためであるが，投資の成果を反映しているため定性的に優れていると考えられる．

尚，リアルオプションを用いた残差アプローチ・モデルの上位 (表 3.14) は輸送用機器，電気機器，情報通信や医薬品と，コスト・アプローチやインカム・アプローチ・モデルとも近い．株式時価総額と無形資産投資が大きいと評価額が高くなるが，無形資産投資が大きいと期待利益が高く，併せて株式時価総額も大きくなるためと考えられる．

また，パネル・データ・アプローチ・モデル (表 3.26) については，情報通信，輸送用機器の他，電力ガスといった公益企業が並ぶ．他の 3 つのモデルとは異なり，無形資産投資がなくとも，包括的に無形資産価値を評価できるため，他のモデルと評価額上位業種が異なる．公益企業の評価額大きいのは，減価償却が進んで会計上は減価したものの利益獲得に貢献している資本を評価していると考えられる．

そして，各無形資産価値評価モデルに適した企業について述べる．まず，コスト・アプローチ・モデルは無形資産投資の累和で評価するため，無形資産投資を行っている企業であれば利益が小さくても価値評価できるため，アーリーステージの企業にも適用できる．コスト・アプローチ・モデルで推定した無形資産価値を営業利益で 5 分位として，市場が評価する無形資産価値である MVA と各々自己資本でデフレートして相関係数を見ると，営業利益が小さい分位でも有意な相関が示される (表 3.37)．ただし，無形資産投資を積上げる評価手法であるが，無形資産への投資を行っても，実際に収益を生み出すか否かが反映されていないという問題がある．

表 3.37 営業利益分位別コスト・アプローチによる無形資産価値と MVA の相関

	1(大)	2	3	4	5(小)	全体
相関係数	0.095	0.343	0.263	0.179	0.506	0.394
t 値	1.549	5.913***	4.425***	2.945***	9.536***	15.605***
サンプル数	265	265	266	265	266	1,327

(注)***:1%水準で統計的に有意，2004 年度

表 3.38 株式時価総額分位別フロア効果

	TOPIX Large70		1(大)		2	
	係数	t 値	係数	t 値	係数	t 値
a^{fl}	-0.092	-3.63***	-0.062	-4.58***	-0.083	-4.95***
b^{fl}	1.496	4.91***	1.181	11.29***	1.120	12.91***
c^{fl}	1.064	20.60***	1.021	40.10***	0.935	28.98***
自由度調整済 R^2	0.807		0.601		0.430	
サンプル数	144		1,280		1,284	

	3		4		5(小)	
	係数	t 値	係数	t 値	係数	t 値
a^{fl}	0.015	0.89	-0.139	-6.96***	-0.201	-8.05***
b^{fl}	0.595	8.93***	1.142	13.51***	0.885	11.71***
c^{fl}	0.783	22.38***	0.817	22.12***	0.723	21.25***
自由度調整済 R^2	0.272		0.298		0.263	
サンプル数	1,284		1,284		1,284	

	全体	
	係数	t 値
a^{fl}	-0.090	-10.96***
b^{fl}	0.927	25.91***
c^{fl}	0.857	57.63***
自由度調整済 R^2	0.363	
サンプル数	6,416	

(注)***:1%水準で統計的に有意，2002 年度-2005 年度

次に，インカム・アプローチ・モデルについては無形資産投資より期待EVA を推計するため，無形資産投資を行っており，投資に対する利益を獲得している企業の評価に適している．ただし，シンプルで明確な構造で期待EVA を推計するが，企業固有の収益機会を推計には反映されていない．

また，リアルオプションを用いた残差アプローチ・モデルについては，情報開示が進みアナリストのカバーが多く，株価に情報が織込まれて安定的であり，無形資産投資も行われている企業，大型企業の評価に適していると考え

表 3.39 研究開発・広告宣伝費がない企業/パネル・データ・アプローチによる無形資産価値と MVA の比較

	無形資産推計値 (億円)	MVA(億円)		
平均値	560	414	相関係数	0.452
標準偏差	865	875	t 値	4.299***
サンプル数	74			

(注)***:1%水準で統計的に有意，2007 年度

表 3.40 減価償却費・設備投資分位別パネル・データ・アプローチによる無形資産価値と MVA の相関

	1(大)	2	3	4	5(小)	全体
相関係数	0.686	0.233	0.159	0.476	0.130	0.538
t 値	14.610***	3.723***	2.490**	8.401***	2.033*	22.231***
サンプル数	242	243	242	243	243	1,213

(注)***:1%水準，**:5%水準，*:10%水準で統計的に有意，2007 年度

られる．株式時価総額分位別で (3.45) 式を推計しフロア効果を検証すると，表 3.38 の通り全ての分位で説明変数である 1 期前の株式時価総額 M_{it-1} に対する無形資産価値と自己資本の和 I^e_{it-1} の割合の係数 b^{fl} は有意に正であるが，自由度調整済決定係数は株式時価総額が大きいほど高い．また，わが国を代表する上場企業であり株式時価総額と流動性の高い TOPIX100 構成銘柄から株価にバイアスが多い TOPIX Core30 を除く，TOPIX Large70 に含まれる企業についても (3.45) 式の推計では自由度調整済決定係数は高く，フロア効果の有効性が高い．一方，個別企業のファンダメンタルズから離れ株価にバイアスを含む局面，例えばテーマ株相場や特殊要因を受けて株価が推移する局面では，無形資産価値にもバイアスを含む．

そして，パネル・データ・アプローチ・モデルについては，表 3.39 の通り，無形資産投資である研究開発費と広告宣伝費を計上していない企業についても無形資産価値を評価しており，MVA と各々自己資本でデフレートして有意な相関も示される．また，直接的な無形資産への投資ではなく，生産設備に体化された技術を無形資産として取込む企業の評価にも適している．

減価償却費と設備投資が大きいほど，生産設備の更新と新しい設備導入が進み，体化技術が高いと考えられるが，表 3.40 の通り減価償却費と設備投資の和の分位が高いほど，MVA と各々自己資本でデフレートした上で相関が高い．尚，財務データに表れない見えざる効果を，全て包括的に無形資産の効果として求めることが，本モデルの特徴であり，資本 K や労働 L といった生産要素はシンプルにしている．したがって，資本稼働率や労働時間の多寡も無形資産価値に含めているが，これらを切出して評価したくても，ミクロベースのデータ取得は困難であり，分析へのデータ制約上の限界がある．以上より，各モデルを企業の特性に応じて適切に組合せて評価することが重要と考えられる．

3.7 運用実務への応用

3.7.1 各モデルの合成

バリュエーション・モデルの選択については，評価者の考え方に依存しており (Damodaran (2002))，複数のモデルの組合せに関する研究は見かけないが，各モデルの合成手法について，次の (3.73) 式を提示する．

$$\max \left[\rho \left(X_{it}, I_{it}^{\text{synth}} \right) \right], \quad (3.73)$$

$$I_{it}^{\text{synth}} = w_{jt}^{\text{cost}} I_{it}^{\text{cost}} + w_{jt}^{\text{income}} I_{it}^{\text{income}} + w_{jt}^{\text{option}} I_{it}^{\text{option}} + w_{jt}^{\text{panel}} I_{it}^{\text{panel}},$$

Subject to

$$w_{jt}^{\text{cost}} + w_{jt}^{\text{income}} + w_{jt}^{\text{option}} + w_{jt}^{\text{panel}} = 1, \ w \geq 0.$$

ここで，X_{it} は企業 i，t 期の無形資産価値と相関 ρ が高いと思われる変数，I_{it}^{synth} は企業 i，t 期の合成無形資産価値である．I_{it}^{cost}，I_{it}^{income}，I_{it}^{option}，I_{it}^{panel}，w_{jt}^{cost}，w_{jt}^{income}，w_{jt}^{option}，w_{jt}^{panel} は各々コスト・アプローチ，インカム・アプローチ，リアルオプションを用いた残差アプローチ，パネル・データ・アプローチの各モデルによる企業 i，t 期の無形資産価値及び業種 j，t 期のウェイトである．

尚，X_{it} はまず市場が評価する無形資産価値である MVA が考えられるが，ESG(Environmental Social Governance) 指標や各種調査を用いること

も可能である．また，(3.73) 式の推計により，t 期のある業種 j にとって意味のないモデルであれば，そのモデルのウェイト w_{jt} は小さくなる．

そして，4 つのアプローチの無形資産価値推定値が揃う，t 期を 2004 年度とした 1,250 社のデータを用いて，実証分析により (3.73) 式を推計する．X_{it} はまず MVA とするが，各無形資産価値とともに，多重共線性を抑えるため，負の値に対応し自己資本 E_{it} を加えた上で，企業 i, t 期の自己資本 E_{it} でデフレートして対数値とする．次に，ESG 指標による $X_{2it} = ESG_{it}$ を用いて推計する．ESG 指標としては，ESG 情報の開示度合により 0-100 にスコアリングされる，Bloomberg の ESG 開示スコア (Marquis et al. (2011)) を用いるが企業毎に 2004 年～2010 年間で最初に算出された値を用いる．

(3.73) 式の推計結果は，次の通りである (表 3.41，表 3.42)．尚，リアルオプションを用いた残差アプローチ・モデルは MVA を参照して推計するため，MVA を用いた推計ウェイトは 0.476 と大きく偏る．

したがって，(3.73) 式の相関係数を複数 (m) に一般化した (3.74) 式，ここでは MVA，ESG 指標双方との相関を高めるように推計し，尤もらしい合成無形資産価値を算出する．

$$\max\left[\sum_{n=1}^{m} \rho_n \left(X_{nit}, I_{it}^{\text{synth}}\right)\right], \quad (3.74)$$

$$I_{it}^{\text{synth}} = w_{jt}^{\text{cost}} I_{it}^{\text{cost}} + w_{jt}^{\text{income}} I_{it}^{\text{income}} + w_{jt}^{\text{option}} I_{it}^{\text{option}} + w_{jt}^{\text{panel}} I_{it}^{\text{panel}},$$

Subject to

$$w_{jt}^{\text{cost}} + w_{jt}^{\text{income}} + w_{jt}^{\text{option}} + w_{jt}^{\text{panel}} = 1,\ w \geq 0.$$

(3.74) 式の推計結果は表 3.43，業種別ウェイトは表 3.44 の通りである．

表 3.41　MVA を用いた (3.73) 式の推計結果

相関係数	各モデルのウェイト			
	コスト・アプローチ	インカム・アプローチ	リアルオプションを用いた残差アプローチ	パネル・データ・アプローチ
0.653	0.185	0.104	0.476	0.236

表 3.42　ESG 指標を用いた (3.73) 式の推計結果

相関係数	各モデルのウェイト			
	コスト・アプローチ	インカム・アプローチ	リアルオプションを用いた残差アプローチ	パネル・データ・アプローチ
0.448	0.343	0.238	0.127	0.292

表 3.43　(3.74) 式の推計結果

相関係数		各モデルのウェイト			
MVA	ESG	コスト・アプローチ	インカム・アプローチ	リアルオプションを用いた残差アプローチ	パネル・データ・アプローチ
0.546	0.301	0.237	0.142	0.363	0.258

コスト・アプローチ・モデルについてはサービス業や建設業でのウェイトが高いが，全般的に無形資産投資や生産設備への投資も少なく，無形資産価値の評価が容易ではない内需業種であるが，無形資産への投資を価値として評価できている．インカム・アプローチ・モデルについては，情報・通信業のウェイトが高いが，フリー・キャッシュフローが比較的大きい業種である．また，リアルオプションを用いた残差アプローチ・モデルでは繊維，鉄鋼，化学，機械といった，株価のバリュエーションが比較的分かり易い景気敏感業種のウェイトが高い．そして，パネル・データ・アプローチ・モデルについては，空運業や電気・ガス業，装置産業である印刷業が含まれるその他製品といった，減価償却が進んで会計上は減価した資本が利益獲得に貢献する企業を含む業種である．

3.7.2　株式運用への応用

次に，合成無形資産を用いて株式運用で有効に活用できるよう，i 企業，s 期の期待収益率 α_{is} の導出について述べる．

$$\alpha_{is} = \frac{\text{IPS}_{it}^{\text{synth}} + \text{BPS}_{it}}{\text{p}_{is}}. \tag{3.75}$$

表 3.44 業種別ウェイト

業種	コスト・アプローチ	インカム・アプローチ	リアルオプションを用いた残差アプローチ	パネル・データ・アプローチ
ガラス・土石製品	0.000	0.000	0.467	0.533
ゴム製品	0.490	0.000	0.180	0.330
サービス業	0.608	0.000	0.392	0.000
その他製品	0.000	0.102	0.073	0.825
パルプ・紙	0.176	0.360	0.463	0.000
医薬品	0.000	0.321	0.387	0.292
卸売業	0.297	0.310	0.228	0.166
化学	0.000	0.000	0.687	0.313
海運業	0.321	0.250	0.247	0.182
機械	0.153	0.000	0.615	0.232
金属製品	0.547	0.000	0.433	0.020
空運業	0.000	0.000	0.042	0.958
建設業	0.610	0.002	0.366	0.022
鉱業	0.520	0.250	0.230	0.000
小売業	0.588	0.234	0.000	0.178
情報・通信業	0.000	0.447	0.276	0.277
食料品	0.358	0.000	0.403	0.239
水産・農林業	0.437	0.250	0.239	0.074
精密機器	0.414	0.000	0.250	0.336
石油・石炭製品	0.145	0.250	0.257	0.348
繊維製品	0.012	0.045	0.944	0.000
倉庫・運輸関連業	0.494	0.250	0.256	0.000
鉄鋼	0.000	0.131	0.783	0.086
電気・ガス業	0.071	0.250	0.256	0.423
電気機器	0.000	0.167	0.540	0.293
非鉄金属	0.000	0.253	0.175	0.572
不動産業	0.000	0.000	0.668	0.332
輸送用機器	0.427	0.000	0.407	0.166

ここで，t 期から $t+1$ 期までの時点 s，$\text{IPS}_{it}^{\text{synth}}$ は i 企業，t 期の1株当り合成無形資産価値，BPS_{it} は i 企業，t 期の一株当り自己資本，p_{is} は i 企業，s 期の株価とする．(3.75) 式は株価がフェアバリューであれば一株当り合成無形資産価値と一株当り自己資本の和に等しい性質を利用して，割安であれば高くなるバリュー指標であるが，無形資産価値として成長性も含む．

また，期待収益率は株価との関連性を有しないグロース指標を定義することも可能である．

尚，株式運用を行う上では，一般的に株式超過収益とアクティブリスクの比である IR(Information ratio) を高めることが重要であるが，IR は株式リターンと期待収益率の相関係数である IC(Information coefficient) と関連していることが知られている (Grinoid 1989, Clarke et al. 2002)．したがって，株式の期待収益率は IC を参照して構築することが多いが，(3.76) 式の通り IC と X_{it} と合成無形資産価値の相関が高まるよう無形資産価値をウェイト付けする．

$$\max \left[\lambda \rho \left(r_{i,s+1}, \alpha_{is} \right) + \sum_{n=1}^{m} \rho_n \left(X_{nit}, I_{it}^{\text{synth}} \right) \right], \quad (3.76)$$

$$I_{it}^{\text{synth}} = w_{jt}^{\text{cost}} I_{it}^{\text{cost}} + w_{jt}^{\text{income}} I_{it}^{\text{income}} + w_{jt}^{\text{option}} I_{it}^{\text{option}} + w_{jt}^{\text{panel}} I_{it}^{\text{panel}},$$

Subject to

$$w_{jt}^{\text{cost}} + w_{jt}^{\text{income}} + w_{jt}^{\text{option}} + w_{jt}^{\text{panel}} = 1, \ w \geq 0.$$

(3.76) 式は λ は定数，ρ は相関係数，$r_{i,s+1}$，α_{is} は企業 i，$s+1$ 期の株式リターン，s 期の期待収益率として (3.74) 式を拡張している．

尚，λ は IC への重みであるが，X_{it} と合成無形資産価値の相関を考慮することなく，IC のみ高める方法も考えられる．しかしながら，実運用においては，IC はあくまで過去の実績であるため，X_{it} と合成無形資産価値の相関も考慮し，期待収益率に定性的な意味付けも保持した方が，経験的には運用実績に結びつくことが多い．そして，期待収益率の自己相関を考慮し (Qian et al. 2007)，株式ポートフォリオの回転率を抑える，パフォーマンス安定化のためサブファクターを組合せるといった，実運用で使用可能な期待収益率を構築する．

3.7.3 Ohlson モデルと無形資産

次に，Ohlson (1995) モデルにおいて特定化が問題とされている「その他情報」について，理論的に考察し実証分析を行う．その他情報は財務諸表には反映されていないが，次期の残余利益に影響を与える，当期の残余利益以

外の情報である．これまで，特定化のためにアナリストの予想利益，受注残高，会計発生高といった技術的な様々な取組みが行われてきた．その他情報は，その定義から無形資産が適用できると思われるが，まずは理論的な枠組みを提示する．Ohlson モデルは機関投資家の株式運用の他，多くの実務で使用されているため，これに適用することで推定された無形資産価値の応用範囲も拡大する．

本節において，理論的には無形資産変動がその他情報であるとする．残余利益は自己資本に基づく利益を超過する利益であり，無形資産がもたらす利益を示す．Ohlson モデルは残余利益が減衰するという線形情報ダイナミクスにしたがうため，その源泉である無形資産も減衰すると暗に仮定している．したがって，この仮定を超えるべく無形資産の変動こそ，その他情報であると定義できる．

そして，上場企業のサンプルを用いた実証分析によって，定式化の有効性を検証する．目的変数を株式時価総額，説明変数を自己資本，配当控除後資本化利益及び，その他情報とする，推計が容易な形に変換した Ohlson モデルを推計する．尚，その他情報として無形資産の変化量は，まず企業が公表する無形資産投資の変化量で把握できるとする．すなわち，財務数値である研究開発費，広告宣伝費及び，人件費のうち労働コストとみなせる部分を上回る超過人件費の変化量を無形資産変動として分析した．実証分析では，無形資産変動を用いた定式化に，一定の有効性を示唆する結果を得た．

残余利益を用いた株主価値評価モデルである Ohlson (1995) モデルは，実務で最も普及したモデルの一つであることに異論はなかろう．クリーンサープラスを前提としており，配当割引モデルで問題とされる配当無関連命題 (MM 理論) を解決し，また残余利益が減衰する線形情報ダイナミクスを取り入れることで，残余利益の将来予測を不要とし，実務上の有用性を高めている．

一方，残余利益の線形情報ダイナミクスにおいて，その他情報の内容を特定していない点が問題とされ，様々な取組みが行われてきた．将来の残余利益の予測に有用であるその他情報の意味を理解することは，株主価値評価において極めて重要である (Lee 1999).

まず,企業情報・決算情報の利用について,Myers (1999) は次期の残余利益と関連がある利用可能な情報として,期末受注残高をその他情報に適用したが,実証分析の結果は次期の利益との関連性が認められなかった.また,Barth et al. (1999) はその他情報は一時的な利益であるとして,会計利益とキャッシュフロー利益との一時的な差異である会計発生高を適用した.実証分析の結果からも,会計発生高は残余利益の予測に説明力を有すると主張する.尚,Hand and Landsman (2005) は残余利益の予測に用いることができる公開情報の代理変数として,配当をその他情報として実証分析を行ったが,単に公開情報の代理として用いることはできないと示唆する結果であった.

また,推計上の手法として,Ota (2002) はその他情報を控除した線形情報ダイナミクスに,控除したことから有する誤差項の自己回帰構造を加えてモデル化した.

そして,予想利益より逆算する方法として,Ohlson (2001),Dechow et al. (1999) は予想利益より求めた次期の予想残余利益と自己回帰係数と当期残余利益の積との差をその他情報とした.ただし,予想利益としてアナリスト予想利益を用いた,Dechow et al. (1999) の米国市場での実証分析において,残余利益の減衰やその他情報を考慮しないモデルの方が,株価の推計精度が高いとの結果であった.

以上,その他情報の特定化について様々な取組みが行われてきたが,技術的な貢献にとどまろう.本節においては,その他情報について理論的枠組みを示し実証分析も行う.

まず,Ohlson (1995) モデルは次のクリーンサープラスを前提としている.

$$b_t = b_{t-1} + x_t - d_t. \tag{3.77}$$

ここで,b_{t-1},b_t は $t-1$ 期,t 期の自己資本,x_t,d_t は t 期の当期利益,配当である.尚,資本コスト率 r と t 期の自己資本 b_t の積である資本コストを上回る利益が残余利益 x_t^a である.

$$x_t^a = x_t - rb_t. \tag{3.78}$$

そして，残余利益は次の線形情報ダイナミクスにしたがうとする．

$$\mathrm{x}^{\mathrm{a}}{}_{t+1} = \omega \mathrm{x}_{\mathrm{t}} + \mathrm{v}_{\mathrm{t}} + \varepsilon_{1t+1}, \tag{3.79}$$

$$\mathrm{v}_{t+1} = \gamma \mathrm{v}_{\mathrm{t}} + \varepsilon_{2t+1}, \tag{3.80}$$

$$0 \leq \omega < 1, 0 \leq \gamma < 1.$$

ここで，$\mathrm{x}_{t+1}^{\mathrm{a}}$ は $t+1$ 期，x_t は t 期の残余利益，v_{t+1}，v_t は $t+1$ 期，t 期のその他情報，ε_{1t+1}，ε_{2t+1} は $t+1$ 期の誤差項，ω，γ は係数である．(3.79)(3.80) 式と次の残余利益モデル (3.81) 式より，(3.82) 式が求められる．

$$\mathrm{V}_t = \mathrm{b}_{\mathrm{t}} + \sum_{\tau=1}^{\infty} \frac{E[\mathrm{x}_{t+\tau}^{\mathrm{a}}]}{(1+\mathrm{r})^{\tau}}. \tag{3.81}$$

$$\mathrm{V}_t = \mathrm{b}_{\mathrm{t}} + \alpha_1 \mathrm{x}_{\mathrm{t}}^{\mathrm{a}} + \alpha_2 \mathrm{v}_{\mathrm{t}}, \tag{3.82}$$

$$\alpha_1 = \frac{\omega}{1+\mathrm{r}-\omega},$$

$$\alpha_2 = \frac{1+\mathrm{r}}{(1+\mathrm{r}-\omega)(1+\mathrm{r}-\gamma)}.$$

ここで，V_t は t 期の株主価値，α_1，α_2 は各々残余利益とその他情報に対する資本化率であり，$\alpha_1 \geqq 0$，$\alpha_2 > 0$ である．

次に，無形資産価値とその他情報の関係について示す．資本コストは自己資本がもたらす正常利益と見なすことができるが，(3.78) 式の通り残余利益は正常利益を上回る利益であり，無形資産がもたらす利益と考えることができる．したがって，t 期の無形資産価値 I_t は残余利益の現在価値である (3.82) 式の右辺第 2 項と第 3 項より求められる．

$$\mathrm{I}_t = \alpha_1 \mathrm{x}_{\mathrm{t}}^{\mathrm{a}} + \alpha_2 \mathrm{v}_{\mathrm{t}}. \tag{3.83}$$

(3.83) 式の右辺第 1 項は，自己回帰過程にしたがう残余利益の現在価値であり，残余利益と同じく減衰すると仮定される．そして，右辺第 2 項はその他情報の現在価値であるが，右辺第 1 項を超える無形資産の変動を示す．したがって，(3.7) 式の右辺第 2 項を t 期の無形資産変動 $\Delta \mathrm{I}_\mathrm{t}$ とする

((3.84) 式).

$$I_t = \alpha_1 x_t^a + \Delta I_t. \tag{3.84}$$

尚，(3.84) 式の右辺第 2 項の無形資産の変動は，第 1 項が定常な無形資産投資と減耗から形成される無形資産と等価と見なし，定常な無形資産投資からの変動によって把握できるとする．

実証分析にあたり (3.82)(3.84) 式より実証可能なモデルを導出した上で，その他情報として無形資産の変動が有効か検証する．

まず，Ohlson (1995) は (3.82) 式及び (3.78)(3.79) 式より，(3.85) 式を導出している．

$$V_t = (1-k)b_t + k(\phi x_t - d_t) + \alpha_2 v_t, \tag{3.85}$$

$$k = r\alpha_1,$$

$$\phi = \frac{1+r}{r}.$$

ここで，V_t, b_t, x_t, d_t, v_t は t 期の株主価値，自己資本，当期利益，配当金総額，その他情報，r は資本コスト率，ϕ は資本化率，k は自己資本と配当控除後資本化利益の加重ウェイトである．

そして，(3.84)(3.85) 式より得られた，実証可能な (3.10) 式を推計する．MV_{it}, b_{it}, x_{it}, d_{it}, ΔI_{it}, ε_{3it} は企業 i, t 期の株式時価総額，自己資本，当期利益，配当金総額，無形資産変動，誤差項，r_t, ϕ_t は t 期の資本コスト率，資本化率，β_1 は係数である．

$$MV_{it} = (1 - r_t\beta_1)b_{it} + r_t\beta_1(\phi_t x_{it} - d_{it}) + \Delta I_{it} + \varepsilon_{3it}. \tag{3.86}$$

また，ΔI_{it} が有効か検証するため，(3.86) 式の無形資産変動に係数 β_2 を付与した (3.87) 式を推計する．係数 β_2 が有意で，1 に近いか検証する．

$$MV_{it} = (1 - r_t\beta_1)b_{it} + r_t\beta_1(\phi_t x_{it} - d_{it}) + \beta_2 \Delta I_{it} + \varepsilon_{4it}. \tag{3.87}$$

そして，(3.86) 式から無形資産変動を控除した (3.88) 式を推計する．ΔI_{it} がモデルの適合性を改善方向に作用させているか，検証する．

$$\mathrm{MV}_{it} = (1 - \mathrm{r}_t\beta_1)\mathrm{b}_{it} + \mathrm{r}_t\beta_1(\phi_t \mathrm{x}_{it} - \mathrm{d}_{it}) + \varepsilon_{5it}. \tag{3.88}$$

実証分析に用いるデータは，Bloomberg より 2006 年度〜2014 年度において連続して取得できた上場企業延べ 10,413 社，連結優先ベースの本決算値を用いて，年度換算修正を行う．また，資本コスト率については Ohlson (1995) と同じくリスクフリーレートとするが，10 年国債利回りの各年度平均値とする．そして，無形資産投資の変動は前期からの差分として，無形資産投資は研究開発費，広告宣伝費，超過人件費の和とする．研究開発費は技術への投資，広告宣伝費はブランドや販売力への投資である．超過人件費は業種平均人件費を労働コストとみなし，労働コストを超える人件費であるため，人的資産への投資と考えられる．また，各変数は総資産でデフレートする．

まず，実証分析にあたり，各変数の基本統計量は表 3.45 の通りである．そして，(3.86)〜(3.88) 式を 2007 年度〜2014 年度のプールしたデータを用いて推計した結果は，(表 3.46) の通りである．まず，β_1 の推計値は α_1 の仮定より想定される $\beta_1 \geqq 0$ を満たしている．また，β_2 の推計値は 1 に近く統計的に有意である．したがって，$\Delta\mathrm{I}_{it}$ を用いる定式化について，一定の有効性は示唆される．そして，適合性についても $\Delta\mathrm{I}_{it}$ を加えることで，自由度調整済決定係数，AIC ともに改善傾向にある．ただし，改善は僅かであり適合性を高めて株主価値の推計精度を高めるために，適切な変数の追加とともに，各アプローチや合成した無形資産価値による無形資産変動の適用も期待できよう．

表 3.45　基本統計量

	MV_{it}	b_{it}	$\mathrm{r}_t(\phi \mathrm{x}_{it} - \mathrm{d}_{it})$	$\Delta\mathrm{I}_{it}$
平均値	0.541	0.498	0.051	0.000
最小値	0.022	-0.605	-0.657	-0.466
最大値	13.724	0.985	0.516	0.341
標準偏差	0.570	0.195	0.052	0.019
サンプル数	9,256	9,256	9,256	9,256

期間:2007 年度-2014 年度

表 3.46 推計結果

	(3.10) 式		(3.11) 式		(3.12) 式	
	推計値	t 値	推計値	t 値	推計値	t 値
β_1	3.438	48.154***	3.439	48.041***	3.457	48.384***
β_2			0.975	3.699***		
自由度調整済 R^2	0.314		0.314		0.313	
AIC	1.337		1.337		1.339	
サンプル数	9,256		9,256		9,256	

(注)***:1%水準で統計的に有意，期間:2007 年度-2014 年度

　本節では長年の問題であった Ohlson (1995) モデルの「その他情報」について，理論的に考察し実証分析を行った．その他情報は次期の残余利益に影響を与える，当期の残余利益以外の情報であるが，特定化が問題とされてきた．これまで，特定化のためにアナリストの予想利益，受注残高，会計発生高といった技術的な様々な取組みが行われてきた．本節において，その他情報を無形資産の変動とする理論的枠組みを示した．

　そして，上場企業のサンプルを用いた実証分析によって，目的変数を株式時価総額，説明変数を自己資本，配当控除後資本化利益，その他情報とする，推計が容易な形に変換した Ohlson モデルを推計する．その他情報として無形資産の変化量を直接的に得ることは容易ではないが，ここでは企業が公表する無形資産投資の変化量，すなわち財務数値である研究開発費，広告宣伝費及び，人件費のうち労働コストと見なせる部分を上回る超過人件費の変化量を無形資産変動として分析した．

　実証分析では，無形資産変動を用いた定式化に一定の有効性を示唆する結果を得た．更に，モデルの適合性を高め株主価値の推計精度を高めるために，適切な変数の追加とともに，各アプローチや合成した無形資産価値による無形資産変動の適用も期待できよう．Ohlson モデルは機関投資家の株式運用の他，多くの実務で使用されており，これに適用することによって推定された無形資産価値の応用範囲も拡大する．

3.7.4 信用格付と無形資産

本節では信用格付と無形資産の関係を分析する．信用格付はデフォルトリスクの大きさのランクであるが，財務リスクと事業リスクから評価され，主に前者は財務分析，後者は定性的な分析に基づく．したがって，信用格付は企業の財務状況と密接に関連し，定性的な無形資産の情報も含まれている．

財務状況と無形資産の関係については，無形資産がもたらす不確実性，情報の非対称性による負債エージェンシーコストの存在と，無形資産がもたらす収益性から，無形資産は負債による資金調達を困難にするとの見方と，有利に作用するとの見方があり古くより研究が行われている．また，株主価値と無形資産の価値関連性についての研究も多数行われている．しかしながら，信用格付と無形資産に関する研究は，格付けへの対応や予測といった実務での有用性が見込まれるものの少ない．したがって，本節において無形資産への投資，及びこれまで構築した各アプローチによる無形資産やこれらの合成無形資産と信用格付の関係を分析する．

まず，無形資産は負債による資金調達を困難にすると見方について，Myers (1977) は成長機会をリアルオプションの価値で示したが，研究開発投資や広告宣伝費は成長機会の存在を示すことになり，オプションのような不確実性を示すことになり，無形資産投資による負債エージェンシーコストを示唆する．Bradley et al. (1984) は研究開発投資や広告宣伝費は裁量的な投資でありエージェンシーコストが大きいとして，Long and Malitz (1985) も無形資産投資は裁量が大きくコベナンツ効果を低下させるとする．そして，Hall (2002) は高い資本コストをもたらす研究開発投資の特徴として，調整コスト，成果への不確実性，情報の非対称性の問題やモラルハザード問題の存在を示した．また，Titman and Wessels (1988) は研究開発投資や広告宣伝費は担保価値が小さく負債比率とは負の関係があることを示す．

資金調達の選択について，佐々木・鈴木 (2010) は研究開発投資の資金調達上の問題点として，逆選択，資産代替，営業レバレッジ・経営危機コストの影響，調整費用，低い担保価値と整理し，通常のペッキングオーダー仮説と異なり，内部資金の次に負債ではなく株式発行が選好されるとする．森川 (2015) は無形資産投資がリスク・不確実性の高さ，担保価値の低さに

より市場の資金制約に直面し内部資金を選好すると主張する．Hosono and Takizawa (2017) は無形資産比率の高い企業は，外部資金調達に占める割合が負債より株式発行が高く，情報の非対称性の問題，担保価値が低い，成長機会が豊富のためと主張する．

そして，債券市場との関係について，Shi (2003) は研究開発投資の利益とリスクはトレードオフにあるが，債券市場はリスクに着目することを示している．Del Bello (2007) は格付会社の格付メソドロジーとアナリストへのインタビューによる分析によって，格付において研究開発投資や技術力は殆ど考慮されず，むしろイノベーションはリスク要因として格付低下に導くとする．これらの研究では，無形資産は信用格付や信用格付に密接に関連する負債とは，ネガティブな関係にあること示唆する．

一方，Eberhart et al. (2008) は研究開発投資の増加が債券の超過リターンをもたらし，債券市場において研究開発投資の利益のポジティブな反応はリスクへの懸念を上回ると主張する．また，Liano (2013) は米国企業について研究開発投資の質量ともに信用格付を高め，格付が研究開発投資のキャッシュフロー創出力を評価しているとする．そして，土屋・西岡 (2013) は企業の技術力や経営者の質を無形資産として，デフォルト率と負の関係があることを示した．

尚，Psillaki et al. (2010) は無形資産とデフォルトリスクの関係について，業種によって異なることを示す．既存研究では，無形資産と負債，信用リスクや信用格付とは，正負双方の見方が示唆されている．

次に，無形資産への投資や無形資産と信用格付の関係を分析するが，分析手法を示す．信用格付 (CRRTIG) を目的変数，無形資産への投資や無形資産を説明変数，及びコントロール変数からなるモデルを推計する．

無形資産への投資については，技術への投資を示す研究開発費 (RD)，ブランドや販売力への投資である広告宣伝費 (AD)，人的資産への投資として人件費 (HC) を用いる．

無形資産については，これまで構築したコスト (CST)，インカム (INCM)，リアルオプション (OP)，パネル・データ (PNL) の各アプローチによる無形資産価値と，これらを合成した無形資産価値 (SYNTH) を用いる．合成無形

資産価値として，MVA と ESG 指標双方との相関を高めるように (3.74) 式を推計し，尤もらしく合成した無形資産価値を用いる．無形資産投資と無形資産価値は各々自己資本でデフレートする．

そして，コントロール変数としては，安全性を示す自己資本比率 (CARTIO)，企業規模を示す対数総資産 (LNAST)，収益性を示す 3 年平均営業利益率 (OPMGN) を用いる．また，信用格付については R&I の発行体格付を用いる．これらのデータについては，Bloomberg と日経 NEEDS-FinancialQUEST から取得したが，各アプローチの無形資産価値評価額が揃い格付が付与された，2004 年度の上場企業 288 社のデータを用いる．

尚，信用格付は表 3.47 の通り，分布の偏りを極力抑えて順序尺度に変換し，順序ロジットモデルを用いて推計する．

分析の結果 (表 3.49)，無形資産への投資である研究開発費，広告宣伝費，人件費は信用格付と負の関係が示された．過少な担保力や不確実性といった，無形資産投資によるエージェンシーコストの信用格付への影響が示された可能性がある．

表 3.47　信用格付と順位尺度

格付	件数	順序尺度	比率 (%)
AAA	3	1	8.33
AA+	21	1	
AA	18	2	13.19
AA-	20	2	
A+	26	3	23.61
A	42	3	
A-	43	4	29.17
BBB+	41	4	
BBB	38	5	21.88
BBB-	25	5	
BB+	7	6	3.82
BB	2	6	
BB-	1	6	
CCC+	1	6	
計	288		100.00

そして，コスト，インカム，リアルオプションの各アプローチによる無形資産も信用格付と負の関係が示された (表 3.50)．前節で示した通り，無形資産投資と関連の高いアプローチである．

また，パネルデータ・アプローチは，信用格付と正の関係が示された (表 3.51)．本アプローチで資産化される無形資産の効果は，生産性の価値を示しているが，Psillaki et al. (2010) が DEA(Data Envelopment Analysis) で示した生産性もデフォルトリスクと低い関係を示唆する．

そして，合成無形資産は信用格付と正の関係が示された (表 3.51)．MVA と ESG 指標との相関を高めて各無形資産を合成しているが，まず Merton (1974) モデルの通り高い株式時価総額が低いデフォルト率であることを反映していると考えられる．また，ESG 指標は ESG 開示スコア (Marquis et al. 2011) であり，無形資産に関する情報の非対称性を緩和している可能性を示唆する．

本節では信用格付と無形資産の関係を分析した．信用格付はデフォルトリスクの大きさのランクであるが，財務リスクと事業リスクから評価され，主に前者は財務分析，後者は定性的な分析に基づく．したがって，信用格付には定性的な無形資産の情報も含まれており，格付けへの対応や予測といった実務での有用性が見込まれるものの，信用格付と無形資産に関する研究は少ない．したがって，本節では無形資産への投資，及びこれまで構築した各アプローチによる無形資産やこれらの合成無形資産と信用格付の関係を，順序ロジットモデルを用いて分析した．

その結果，無形資産への投資や投資と関連の高いアプローチの無形資産は格付と負の関係の他，確かな関係は示されなかった．しかしながら，無形資産投資を用いない生産性を反映するアプローチや，MVA や ESG 指標との相関を高めた合成無形資産は格付と正の関係が示された．信用格付に対する投資家や発行体の対応や予測について，示唆を与えると期待する．

表 3.48 変数間の相関

	CRRTIG	RD	AD	HC	CST	INCM	OP	PNL	SYNTH	CARTIO	LNAST	OPMGN
CRRTIG	1.000											
RD	0.067	1.000										
AD	0.097	0.261	1.000									
HC	-0.356	-0.050	0.072	1.000								
CST	-0.137	0.339	0.312	0.315	1.000							
INCM	-0.286	0.234	0.126	0.217	0.495	1.000						
OP	0.051	0.797	0.446	0.079	0.425	0.294	1.000					
PNL	0.290	0.139	0.169	-0.105	0.014	-0.051	0.156	1.000				
SYNTH	0.243	0.624	0.391	0.010	0.430	0.234	0.735	0.557	1.000			
CARTIO	0.254	0.131	0.076	-0.343	-0.088	-0.262	0.126	-0.124	-0.039	1.000		
LNAST	0.575	0.065	0.057	-0.152	-0.003	0.034	-0.014	0.288	0.210	-0.412	1.000	
OPMGN	0.190	-0.043	-0.016	-0.058	-0.127	-0.185	-0.033	0.456	0.226	-0.321	0.336	1.000

表 3.49　分析結果

目的変数： CRRTIG	無形資産投資	
	係数	z 値
RD	-0.673	-1.59
AD	0.585	0.74
HC	-0.220	-0.30
CARTIO	11.354	10.81***
LNAST	1.918	12.69***
OPMGN	2.779	3.21***
サンプル数	288	
PseudoR^2	0.322	

(注)***:1%水準で統計的に有意

表 3.50　分析結果

目的変数： CRRTIG	コスト		インカム		リアルオプション	
	係数	z 値	係数	z 値	係数	z 値
CST	-0.797	-1.98**				
INCM			-1.052	-4.24***		
OP					-0.008	-0.04
CARTIO	11.175	11.45***	10.556	10.64***	11.286	11.56***
LNAST	1.921	13.06***	1.983	13.09***	1.906	13.03***
OPMGN	2.578	2.97***	2.024	2.29**	2.761	3.18***
サンプル数	288		288		288	
PseudoR^2	0.324		0.339		0.32	

(注)***:1%水準，**:5%水準で統計的に有意

表 3.51 分析結果

目的変数： CRRTIG	パネル・データ		合成	
	係数	z 値	係数	z 値
PNL	0.417	2.38***		
SYNTH			0.472	1.82*
CARTIO	11.29	11.54***	11.226	11.50***
LNAST	1.90	12.87***	1.896	12.91***
OPMGN	1.751	1.84*	2.418	2.74***
サンプル数	288		288	
PseudoR^2	0.326		0.323	

(注)***:1%水準, *:10%水準で統計的に有意

第4章
無形資産の効果向上

本章では無形資産の効果向上について，無形資産情報の開示と株価動向，研究開発投資の平均情報量と収益性について述べる．

4.1 開示と株価動向
4.1.1 知的財産報告書の発刊と株価動向

企業の株式持合構造が解消し，超低金利で過剰流動性が存在するなか，新会社法成立によって三角合併が解禁されたこともあり，わが国産業は大買収時代を迎えている．企業の買収対策として黄金株やポイズン・ピルといった一般株主の利益を損ねる可能性のある方法が問題視されているが，企業価値を高め株価に反映させることが，最も基本的でかつ効果的な買収対策である．企業価値が有形資産だけで定まるのであれば，株価は BPS(一株当り自己資本) と等しくなる．企業価値を高め株式価値を向上させるためには，有形資産だけではなく財務諸表には計上されない無形資産の価値を高めることが必要であり，またそれを市場に認識させることも大切である．

尚，無形資産の評価はオフバランスであるため困難であるが，市場が企業の無形資産価値を評価し認識することも容易に成し得ることではない．したがって，無形資産について適切に情報開示を行うことは非常に重要な課題といえる．

企業の無形資産の価値評価，情報開示の重要性が高まっているが，欧米でも重要性は認識されており，数々の取組みが行われている．例えば，欧州では 2000 年より欧州委員会によって PRISM(Policy-making, Reporting and measuring, Intangibles, Skills development, Management) と呼ばれる無形資産に対する評価，開示及びマネジメントに関する検討プロジェクトが開始され，活発な議論や提言が行われている．また，北欧ではデンマー

クが 2000 年に知的資本報告書に関するガイドラインを策定し，翌年改定した財務報告法では一定規模以上の企業には年次報告書の一部を構成する企業活動財務報告に，将来収益に重要性のある知的資産の開示を義務付けている．オランダでは 1998 年にも政府が無形資産に関するプロジェクトを立ち上げ，翌年には報告書「財務報告における知識情報の開示」を公表し無形資産開示の問題点を提言し，また英国では 2005 年より一定規模以上の企業に OFR(Operating and Financial Review：営業・財務概況) によって，非財務情報・指標の開示を義務付けている．そして，米国では 1991 年に米国会計士協会が「財務報告に関する特別委員会（ジェンキンス委員会）」を結成し，ビジネス・レポーティングの要件について約 20 項目にわたる提言を行っている．

　欧米での取組みが進むなか，わが国でも政府が知的財産戦略を推進するために，2003 年 3 月に内閣に知的財産戦略本部を設置した．その後，各種の方策とともに経済産業省 (2004b) は「知的財産情報開示指針」を公表したが，それに合わせて 2004 年度には「知的財産報告書」を発刊する企業が現れている．

　しかしながら，企業からは知的財産報告書を発刊しても果たして効果があるのか分からないといった声も聞かれる (住田他 2004)．また，知的財産報告書の発刊企業の増加が見込まれる中，投資家の視点から効果を検証する必要もある．したがって，本節では知的財産報告書を発刊した企業の株価動向について考察する．

4.1.2　知的財産報告書について
4.1.2.1　知的財産報告書とは

　知的財産報告書とは企業の知的財産経営に対する取組みといった知的財産に係る情報を，投資家をはじめとするステークホルダーに開示するための報告書である．

　政府が設置した知的財産戦略本部より，2003 年 7 月に公表された「知的財産推進計画」において，知的財産情報開示促進のための指針策定が提起された．経済産業省は同年 10 月に小委員会を発足し検討を重ね，2004 年 1 月

に知的財産報告書のガイドラインともいえる「知的財産情報開示指針」を公表した．

指針の目的について経済産業省は，独自性を発揮し「知財経営」を推進する企業と知的財産情報の重要性を認識する市場との橋渡しのために，情報開示の1つの目安を示すこととしている．

まず，指針は知的財産情報開示について，次の5つの考え方を示している．

[1] 指針は企業と市場の共通言語を与えるためのものであり，あくまで任意の開示であること．

[2] 市場が求めている情報は特許出願前の技術情報等の営業秘密そのものではなく，「知財経営」を表すものであること．

[3] 知的財産には客観的な外部市場がなく評価が困難なため可能な限り，前提条件となる事項や数量的な裏付を伴うこと．

[4] 企業会計と平仄を合わせるため，連結ベースかつセグメント単位であること．

[5] 知的財産の情報開示は企業の規模により有効性が限定される訳ではなく，大企業のみならず中小・ベンチャー企業にも有効であること．

知的財産情報は企業経営の根幹をなすものでありセンシティブな情報も含んでいるため，開示とその範囲はあくまで任意であるが，市場が求めている「知財経営」に関する情報を，可能な限り投資家をはじめとするステークホルダーに伝達できるように，共通の言語を与えるという考え方である．

更に，知財情報開示の基本的な考え方のもと，次の具体的な開示項目を示している．

[1] 中核技術と事業モデル

[2] 研究開発セグメントと事業戦略の方向性

[3] 研究開発セグメントと知的財産の概略

[4] 技術の市場性, 市場優位性の分析

[5] 研究開発・知的財産組織図, 研究開発協力・提携

[6] 知的財産の取得・管理, 営業秘密管理, 技術流出防止に関する方針 (指針の実施を含む)

[7] ライセンス関連活動の事業への貢献

[8] 特許群の事業への貢献

[9] 知的財産ポートフォリオに対する方針

[10] リスク対応情報

　尚, 知的財産報告書の他にも知的財産に関する情報の開示は, 従来年次報告書において自主的に行う企業もある. また, 法定開示資料である有価証券報告書でも開示がなされている.

　有価証券報告書における知的財産に関する情報としては, まず研究開発活動としてグループ全体, セグメント別の推進方針や成果, 基礎研究費, セグメント別の研究開発費が開示されている. そして, 事業のリスクとして知的財産権に関するリスク, 経営上の重要な契約として技術導入, 技術供与についての開示もされている.

　知的財産報告書の開示指針では企業会計と知的財産報告書の平仄を合わせることが奨められているが, 具体的な開示項目の通り, セグメント別の知的財産戦略や市場優位性, 特許件数が開示された場合, 有価証券報告書により開示されているセグメント別の研究開発費, 設備投資, 減価償却費, 売上高といった情報と組合せることによって, セグメント別に知的財産戦略における入口から出口までのバリュー・チェーンを分析することも可能となろう. 投資家をはじめとするステークホルダーが将来の業績を予測する場合, セグメント別にイノベーションの影響も考慮することができるため, より精度が増すものと思われる.

　また, 伊藤 (2000) は, 研究開発戦略は技術革新創出に大きな影響を及ぼ

表 4.1 知的財産報告書発刊企業

企業名	東証 33 業種分類	発刊年/月 2004 年度	発刊年/月 2005 年度
キッコーマン	食料品	—	2005/10
味の素	食料品	2004/07	2005/07
旭化成	化学	2004/06	2005/07
ＪＳＲ	化学	2004/10	2005/07
日立化成工業	化学	2004/06	2005/08
アンジェスＭＧ	医薬品	2005/03	—
コニカミノルタ HD	電気機器	2004/07	2005/07
ブリヂストン	ゴム製品	2004/06	2005/06
太平洋セメント	ガラス土石製品	—	2005/08
井関農機	機械	2004/08	2005/07
日立製作所	電気機器	2004/06	2005/06
東　芝	電気機器	—	2005/06
横河電機	電気機器	—	2005/11
三井造船	輸送用機器	2004/09	2005/08
三菱重工	機械	—	2005/10
オリンパス	精密機器	2004/06	2005/06
東京エレクトロン	電気機器	2004/09	2005/10
カブドットコム証券	証券商品先物	2004/06	2005/07

(注) 出所:各社ホームページと各社への調査より作成
2006 年 3 月末現在，発刊年月は一般に公開された時点

し，製品戦略においても重要なウェイトを占めるとしている．技術革新は多様な研究が相俟って，蓄積技術の多様化が進むことで創出されるため，研究開発戦略はイノベーションを大きく左右する．財務的なデータだけではなく，戦略の内容は非常に重要な情報であるといえる．したがって，知的財産報告書でその戦略，方針といった情報が開示されることにより，企業の将来性に対してより踏み込んだ分析が可能になると思われる．

4.1.2.2　知的財産報告書発刊企業

「知的財産情報開示指針」の公表を受けて知的財産報告書を発刊した企業は，次の通りである (表 4.1)．2004 年度は 13 社であったが，2005 年度末時点で発刊した企業は 18 社と増加している．

業種別で見ると，電気機器，化学に属する企業が多いが，何れも売上高研究開発費比率が高い産業である (経済産業省 2006)．また，科学依拠型産業として特許あたりの学術論文引用件数であるサイエンスリンケージの高い産業を，玄場他 (2005) は医薬品，食品，化学としているが，これらの産業に属する企業も発刊している．

　したがって，現在のところ，研究開発が積極的な業種に属する企業が，知的財産報告書を発刊していることになる．尚，研究開発費を計上することが少ない証券業においてカブドットコム証券が発刊しているが，インターネット専業証券であり IT 技術に関する知的財産の開示を行っている．また，知的財産情報開示指針では開示は大企業のみならず中小・ベンチャー企業にも有効としているが，歴史のある優良企業の他に，アンジェス MG，カブドットコム証券といった比較的社歴の新しい企業も発刊している．

　次に，内容を見ると，概ね「知的財産情報開示指針」に沿ったものとなっている．中でも，各社中核技術，コアコンピタンスを含め知的財産戦略の根幹を説明し，またセグメント別に特許件数を記載している企業もある．研究開発費といった他の資料によって開示済みのものもあるが，従来アナリストが取材しなければ分からなかった情報も多い．また，知的財産を源泉とする将来の収益予測や知的財産価値の評価を行うためには，セグメント別研究開発者数の推移，技術収支といった更に開示進展が望まれるものもあるが，投資家にとってこれまで以上に知的財産情報に接する機会が与えられることは確かである．企業にとっても前向きな戦略が PR できる場となるため，今後も発刊企業が増加することが期待されよう．

4.1.3　仮説と検証方法
4.1.3.1　既存研究

　このように，早速知的財産報告書を発刊する企業が現れているが，果たして株価への影響は如何なるものであろうか．知的財産報告書と株価動向についての先行研究は少ないが，デンマーク医療器具メーカーであるコロプラスト社についての興味深い報告がある．

PricewaterhouseCoopers (2005) はコロプラスト社に関して，英国の大手投資顧問のアナリストに，財務指標のみの報告書と，知的財産に関する情報といった非財務指標も含んだ報告書によって分析させた．そして，アナリストに将来の収益予測，株式の売・買推奨，相対的なリスクについての査定，これらを支持する理論的根拠について訊ねた．

その結果，財務指標のみの報告書で予測した収益は，概ね非財務指標も含んだ報告書で予測したものより高い値であった．しかながら，予測値は低いにも関わらず非財務指標も含んだ報告書で分析を行ったアナリストの6割が予測の確実性から買いを奨め，財務指標のみの報告書で分析を行ったアナリストの8割が情報不足との理由から売りを奨めた．そして，各アナリストが予測した収益の幅は前者より後者の方が小さくなった．

知的財産といった非財務指標に関する追加的な情報開示は，投資家が収益予測をはじめ企業の評価を行う場合，不確実性の低下，リスクの軽減がもたらされ，投資家はそれを好感するということが示された．

4.1.3.2 株価への影響についての仮説

本節では，わが国株式市場における知的財産報告書と株価動向について，次の通り仮説を立てて検証を行う．年次報告書や他の媒体において知的財産情報を開示する企業も，株価動向に特徴を示す可能性がある．しかしながら，各々情報の質は異なっており，それを考慮した分析を行うためにはサンプル企業数が少なく困難である．本節においては，発刊された知的財産報告書は経済産業省のガイドラインを参考にしていると思われるため，情報の質は同レベルと見なし分析を行った．

仮説1は，次の通りである．知的財産報告書の発刊は任意であるため，発刊企業はそれ以外の企業よりも知的財産戦略を構築しているものと思われる．技術力優位性が高い企業は市場競争力があるため，一般的には高い付加価値を得ることが可能であるが，技術力は優れた研究開発マネジメントによって高められ，パテント戦略によって有効に保護される．したがって，知的財産戦略を構築している企業は，市場競争力を高めに保つことが可能であるため高い収益の獲得が予想され，株式市場もそれを評価すると思われる．

また，高い技術力優位性は，高い知的財産価値を示すといえる．技術を評価することは一般的には容易でないが，知的財産報告書の発刊は，技術力を中心とする知的財産を投資家が理解することを助ける．したがって，知的財産価値が高く，それが市場で評価される機会も増えると考えられる知的財産報告書発刊企業は，高い株式パフォーマンス，ベンチマークに対して相対的に高いリターンを示すと思われる．

仮説 2 は，次の通りである．知的財産報告書を発刊している企業は，それ以外の企業よりも不確実性が低下するものと思われる．知的財産の評価は困難であるため，従来その価値は不透明であることが多い．また，知的財産価値を高める研究開発投資は，成果にラグを伴うことが多く，投資に対する評価は容易ではない．しかしながら，知的財産報告書を発刊することにより，従来不透明であった知的財産に関して透明度が増すことにより不確実性が低下するため，リスクが減少し株価のボラティリティも低下すると思われる．

4.1.3.3　検証方法

まず，高いパフォーマンスを示しているか，ベンチマークに対する平均累積超過リターンを算出して確かめる．また，知的財産価値が高く評価されているか，PBR の動向を調べる．そして，リスクが低下したか，発刊前後におけるボラティリティの変化について分析する．尚，2003 年 1 月から表 4.1 で示した最初の発刊月までを発刊前，発刊翌月から 2006 年 3 月までをを発刊後とする．また，本節における分析にあたり使用するデータは，全て日経 QUICK AMSUS から取得する．

尚，企業の知的財産戦略は一般的に同業他社を対象に構築していると思われる．したがって，分析に際して，各企業と東証 33 業種分類における同一業種に属する発刊企業以外の企業群平均をベンチマークとする．

4.1.4　検証とその考察
4.1.4.1　平均累積超過リターン

知的財産報告書を発刊した企業は，高い株式パフォーマンスを示しているか検証するため，(4.1) 式の通り n 日間の発刊企業 i の平均累積リターン

R_{in} と，n 日間の j 業種 m 社のベンチマークの平均累積リターン R_{jn} から，n 日間の企業 i の平均累積超過リターン ER_{in} を，日次データを用いて算出する．

$$ER_{in} = R_{in} - R_{jn}, \tag{4.1}$$

$$R_{in} = \sum_{t=0}^{n} \frac{\frac{P_{it} - P_{i,t-1}}{P_{i,t-1}}}{n-1}, R_{jn} = \sum_{t=0}^{n} \sum_{k=1}^{m} \frac{\frac{P_{jkt} - P_{jk,t-1}}{P_{jks,t-1}}}{n-1}.$$

ここで，P_{it} は企業 i，t 日の株価，P_{jkt} は j 業種に属する企業 k，t 日の株価である．

平均累積超過リターンが正であれば，計測期間において株価推移は平均的にベンチマークを上回って推移することになるため，総じて同業他社の株式より高いパフォーマンスを示したと見なされる．

正の平均累積超過リターンを示したのは，発刊前は 17 社中 6 社，発刊後は 18 社中 8 社であった．また，平均累積超過リターンの平均値は発刊前後とも負であり，発刊企業とベンチマークの平均累積リターンに有意差は認められなかった (表 4.2)．したがって，知的財産報告書の発刊前後とも発刊企業の株式に正の平均累積超過リターンは認められず，高い株式パフォーマンスは示されなかった．

4.1.4.2 超過 PBR

知的財産報告書発刊企業の知的財産といった無形資産の価値が，株式市場で高く評価されているか検証するため，発刊企業の PBR がベンチマークの PBR を上回り，正の超過 PBR が認められるか分析する．

ベンチマークの PBR を上回り正の超過 PBR を示したのは，発刊前は 17 社中 9 社，発刊後は 18 社中 12 社であり，超過 PBR の平均値は発刊前後とも正であった．しかしながら，発刊企業の PBR とベンチマークの PBR の有意差は，発刊前後とも認められなかった (表 4.3)．したがって，知的財産報告書の発刊前後とも正の超過 PBR が認められたわけではなく，発刊企業の無形資産の価値が株式市場で高く評価されるとの示唆は得られなかった．

表 4.2 発刊前後 平均累積リターン

発刊企業	ベンチマーク	発刊前			発刊後		
		発刊企業	ベンチマーク	超過リターン	発刊企業	ベンチマーク	超過リターン
キッコーマン	食料品	0.088	0.456	-0.369	0.043	0.063	-0.020
味の素	食料品	-0.022	0.271	-0.293	-0.060	0.143	-0.203
旭化成	化学	0.546	0.377	0.170	0.040	0.168	-0.128
ＪＳＲ	化学	0.533	0.435	0.098	0.334	0.278	0.057
日立化成工業	化学	0.461	0.377	0.084	0.227	0.168	0.059
アンジェスMG	医薬品	0.583	0.213	0.370	0.149	0.130	0.019
コニカミノルタ HD	電気機器	0.514	0.572	-0.058	-0.165	0.147	-0.312
ブリヂストン	ゴム	0.130	0.395	-0.266	0.055	0.174	-0.119
太平洋セメント	ガラス・土石	0.683	0.873	-0.190	0.239	0.218	0.021
井関農機	機械	1.979	0.565	1.413	0.628	0.855	-0.227
日立製作所	電気機器	0.339	0.548	-0.208	-0.049	0.082	-0.131
東芝	電気機器	0.144	0.716	-0.572	0.349	0.204	0.145
横河電機	電気機器	0.750	0.802	-0.052	0.074	0.087	-0.013
三井造船	輸送用機器	0.766	0.702	0.064	0.509	0.191	0.318
三菱重工	機械	0.050	0.895	-0.845	0.184	0.164	0.021
オリンパス	精密機器	0.164	0.564	-0.399	0.176	0.098	0.078
東京エレクトロン	電気機器	0.186	0.603	-0.417	0.218	0.257	-0.039
カブドットコム証券	証券・商品	-	-	-	0.007	0.147	-0.140
平均値		0.464	0.551	-0.086	0.164	0.199	-0.034
t 値				-0.731			-0.977

(注)t 値:対応のある有意差検定 (両側)，発刊後に上場したカブドットコム証券は上場日を発刊日

4.1.4.3 発刊前後におけるボラティリティの変化

知的財産報告書の発刊前後における，株式リターンのボラティリティ変化について検証した．ボラティリティは一般的な月次対数リターンの標準偏差年換算値による，ヒストリカル・ボラティリティとした．投資家の知財報告書の分析とその後の行動変化に合わせるため，短期な日次，データ取得も不可能な年次ではなく月次ベースとする．

発刊企業のボラティリティは発刊後に有意に低下したが，ベンチマークのボラティリティも発刊後に有意に低下している (表 4.4)．そこで，次の (4.2) 式の回帰式によってベンチマークのボラティリティの変化をコントロール変

表 4.3　発刊前後 PBR

発刊企業	ベンチマーク	発刊前			発刊後		
		発刊企業	ベンチマーク	超過 PBR	発刊企業	ベンチマーク	超過 PBR
キッコーマン	食料品	1.264	1.268	-0.004	1.460	1.598	-0.139
味の素	食料品	1.984	1.170	0.813	1.721	1.443	0.279
旭化成	化学	1.540	1.229	0.311	1.686	1.539	0.146
ＪＳＲ	化学	3.136	1.250	1.886	3.520	1.566	1.954
日立化成工業	化学	2.073	1.229	0.845	2.523	1.539	0.983
アンジェスMG	医薬品	12.734	1.619	11.115	8.671	2.075	6.595
コニカミノルタ HD	電気機器	2.595	2.772	-0.177	1.908	2.155	-0.247
ブリヂストン	ゴム	1.601	1.049	0.551	1.900	1.385	0.515
太平洋セメント	ガラス・土石	1.093	0.958	0.136	1.874	1.527	0.346
井関農機	機械	1.006	1.305	-0.299	1.422	1.770	-0.347
日立製作所	電気機器	1.058	2.815	-1.757	1.051	2.149	-1.098
東芝	電気機器	2.111	2.444	-0.334	2.224	2.493	-0.269
横河電機	電気機器	2.147	2.455	-0.308	2.975	2.459	0.516
三井造船	輸送用機器	1.111	1.459	-0.348	1.717	1.694	0.023
三菱重工	機械	0.799	1.434	-0.635	1.255	2.187	-0.932
オリンパス	精密機器	2.618	2.238	0.379	2.553	2.176	0.376
東京エレクトロン	電気機器	4.298	2.688	1.610	3.713	2.184	1.529
カブドットコム証券	証券・商品	-	-	-	10.574	2.569	8.005
平均値		2.539	1.728	0.766	2.930	1.917	1.013
t 値				1.199			1.780

(注)t 値:対応のある有意差検定 (両側)，PBR 算出にあたり分母の自己資本は決算日ベースで実績，連結優先データを使用分子は普通株式数ベースの時価総額を用いた日次平均値，発刊後に上場したカブドットコム証券は上場日を発刊日

数として，これをコントロールした上で発刊企業のボラティリティの変化を推計する．

$$\sigma_i^{発刊後} = c + \beta_1 \sigma_i^{発刊前} + \beta_2 \frac{\Delta\sigma_{BM_i}^{発刊後}}{\sigma_{BM_i}^{発刊前}} + \varepsilon_i. \tag{4.2}$$

ここで，$\sigma_i^{発刊後}$ は企業 i の発刊後ボラティリティ，$\sigma_i^{発刊前}$ は企業 i の発刊前ボラティリティ，$\sigma_{BM_i}^{発刊前}$ は企業 i のベンチマークの発刊前ボラティリティ，$\Delta\sigma_{BM_i}^{発刊後} = \sigma_{BM_i}^{発刊後} - \sigma_{BM_i}^{発刊前}$ で $\Delta\sigma_{BM_i}^{発刊後}$ は企業 i のベンチマークのボラティ

表 4.4 発刊企業とベンチマークのボラティリティ

発刊企業			ベンチマーク		
企業	発刊前	発刊後	業種	発刊前	発刊後
キッコーマン	13.30	12.25	食料品	21.73	19.85
味の素	8.87	13.69	食料品	23.34	19.73
旭化成	30.32	25.99	化学	28.35	22.79
JSR	29.79	23.98	化学	28.04	21.89
日立化成工業	32.86	23.78	化学	28.35	22.79
アンジェス MG	44.54	27.20	医薬品	24.48	21.46
コニカミノルタ HD	31.73	21.03	電気機器	37.71	28.11
ブリヂストン	23.73	17.30	ゴム製品	24.55	23.18
太平洋セメント	35.67	26.85	ガラス・土石	31.33	29.00
井関農機	42.82	28.17	機械	35.67	27.41
日立製作所	32.72	17.82	電気機器	37.90	28.41
東芝	28.86	24.18	電気機器	34.18	28.13
横河電機	27.14	30.02	電気機器	32.82	32.53
三井造船	45.12	25.26	輸送用機器	32.44	25.50
三菱重工	27.48	33.42	機械	31.97	29.45
オリンパス	22.04	23.95	精密機器	37.67	26.83
東京エレクトロン	38.73	31.06	電気機器	37.24	27.59
平均	30.34	23.88	平均	31.05	25.57
t 値		3.47***	t 値		6.84***

(注) t 値:対応のある有意差検定 (両側), ***:1％水準で統計的に有意, 単位:(％), 発刊後に上場したカブドットコム証券を除く

リティの発刊前後の差分, c は定数項, β_1, β_2 は係数, ε_i は企業 i の誤差項である.

推計の結果, 発刊企業の発刊前ボラティリティに対する係数は有意に 1 を下回っており, ベンチマークのボラティリティ変化を考慮しても, 発刊後にボラティリティは低下することが示された (表 4.5).

4.1.4.4 考察

知的財産報告書発刊企業の株価動向について調べた結果, まず平均累積超過リターンは発刊前後とも有意に正とはならず, 発刊企業の株式に高いパ

表 4.5　発刊企業のボラティリティ変化-推計結果

	β_1	β_2	c	自由度調整済 R^2
推計値	0.409	14.535	13.926	0.361
t 値	3.321***	0.990	3.450***	

(注)***:1% 水準で統計的に有意

フォーマンスは示されなかった．また，PBR についても発刊前後とも超過 PBR は有意に正とはならず，発刊企業は知的財産といった無形資産が高く評価されているとの示唆は得られなかった．知的財産報告書を発刊することによって株式パフォーマンスが改善し，知的財産価値が市場から高く見積もられるといった効果は示されなかった．

しかしながら，知的財産報告書発刊企業の株式リターンのボラティリティは発刊後に有意に低下した．先行研究では追加的な情報開示は，不確実性の低下，リスクの軽減をもたらすことが示されたが，わが国市場においても同様な効果があることが確かめられた．知的財産報告書の発刊には，従来不透明であった知的財産に関して開示される情報量が増加することによって，不確実性の低下をもたらし，リスクを減少させる効果があると考えられ，企業にとっては資本コスト低下のメリットがある．また，投資家の視点からは知的財産報告書の発刊がリスクの減少をもたらすというリスクに対する特性は，ポートフォリオ構築，オプション取引といった運用実務への知見となる．

4.1.5　まとめ

知的財産報告書発刊のメリットが分からないという声が聞かれるが，発刊後にボラティリティが低下したことから，不確実性，リスクを減少させる効果が認められた．株式パフォーマンスは同業他社から明確なアウトパフォームが見られないものの，リターンの向上のみならずリスクの減少も非常に重要な効果である．株式パフォーマンスは同業他社から明確なアウトパフォームが見られないものの，リターンの向上のみならずリスクの減少も非常に重要な効果である．企業にとっては資本コスト低下の効果，投資家の視点からは運用実務における知見となる．

さて，経済産業省は 2005 年 10 月に「知的資産経営の開示ガイドライン」を公表した．知的財産だけではなく，技術とともに人や組織の力を含めた知的資産を最大限に活用する知的資産経営を推進し，知的資産経営を開示するためのガイドラインを示している．2013 年 12 月には IIRC(国際統合報告評議会) が統合報告のフレームワークを公表し，2014 年 4 月には欧州議会で EU 域内の大企業に非財務情報や取締役多様性についての開示を義務付けている．今後，無形資産を含む非財務情報の開示が進む可能性があり，開示と株価動向に関する多様なサンプルによる分析が課題となろう．

4.2 開発の平均情報量と収益性

4.2.1 事業分散に伴う研究開発投資の配賦と収益性

人口減少社会を迎えるわが国において，豊かな社会を継続するために，生産性の向上は喫緊の課題である．そして，生産性の向上はイノベーションによって成し得るが，それは研究開発活動によって引き起こされる．

しかしながら，榊原・辻本 (2003) をはじめわが国企業の研究開発成果の低下を示唆する報告が多い．どうすれば，研究開発投資の成果を高めることができるのであろうか．研究開発成果の低下の要因として，安部 (2003) はコーポレート・アイデンティティの不明確さとしており，コア・コンピタンスの明確化による製品の特化やシナジー効果のある製品群への絞込みが必要としている．また，経済産業省 (2012) はイノベーション創出のためには，全社的に浸透するような将来ビジョンや方向性を示すことが重要としている．

したがって，本節では企業の事業戦略の分散とそれに伴う研究開発投資の配賦といった経営者の姿勢が，研究開発投資の成果に関連性があるか検証する．まず，事業分散とそれに伴う研究開発投資の配賦について，事業の種類別セグメントベースの研究開発費より導かれる平均情報量を用いて示す．そして，研究開発投資の平均情報量と収益性の関係を分析する．尚，平均情報量とはエントロピーとも呼ばれるが，曖昧さ不確実さや分散を表す尺度である．本書では無形資産価値の評価手法を構築しているが，本節では無形資産価値を高めるためにはどうすれば良いのか，主要な無形資産投資である研究開発投資の成果と事業戦略の分散に伴う研究開発投資の配賦との関連性につ

いて述べる．また，研究開発投資の配賦を示す研究開発費平均情報量と研究開発の成果としての技術平均情報量を比較検証し，相対的に乖離する企業群から株式運用に活用可能新たな指標を構築する．

4.2.2 実証分析の方法
4.2.2.1 セグメント情報

本節では，日経 NEEDS-FinancialQUEST におけるセグメント情報と有価証券報告書に開示された事業の種類別セグメントベースの研究開発費を用いて，事業戦略の分散とそれに伴う研究開発投資の配賦について，定量的な平均情報量，定性区分から捉え，個別企業のパネル・データを用いて分析する．

まず，有価証券報告書上のセグメント情報であるが，1988 年に企業会計審議会が「セグメント情報の開示基準」を規定したことによって，1990 年度より記載されることになる．ここでのセグメント情報とは，売上高，営業損益，その他の財務情報を事業の種類別，親会社及び子会社の所在地別の区分単位に分類したものである．

企業が有価証券報告書で事業の種類別セグメント情報を開示する場合，事業区分を決定 (セグメンテーション) する必要がある．決定に当たっては，企業の多角化，国際化の状況を明らかにすることを目的として，製品系列別すなわち製品 (商品または役務を含む) の種類・性質，製造方法，販売市場の類似性が考慮されることを念頭に，経営者の判断に委ねられているが，内部管理上設定した利益センター，日本標準産業分類，現に用いている売上集計区分を利用することが一般的である．尚，「セグメント情報の開示基準」は 2010 年度より新基準が適用されている．新基準の特徴として，マネジメント・アプローチによる企業の内部管理組織に基づくセグメンテーションを行っており，新基準に基づくデータを用いる場合には留意が必要である．

研究開発費のセグメント情報については，有価証券報告書の「事業の状況」において，研究開発活動の状況が記載されている．事業の種類別セグメント情報開示にあたりセグメンテーションされた事業区分をもとに，活動内容が記されているが，1999 年に研究開発費等に係る会計基準が適用され，また

連結会計制度が本格的に導入されたことに合わせて，2000年3月期より多くの企業がセグメント毎に研究開発費を記載している．

次に，日本経済新聞社は有価証券報告書で開示されたセグメント毎の研究開発費を含めたセグメント情報を，日経 NEEDS-FinancialQUEST においてデータベース化するとともに，企業が設定したセグメントに対して，セグメント名称や主要製品名を参考にして，日本標準産業分類コードを 1 事業区分に最大 3 つまで，中分類 (二桁)-細目 (四桁) の何れかを付与して分類している．また，企業の主要業務として，日本標準産業分類コードの細目 (四桁) を，企業毎に最大 3 つまで付与して分類している．

4.2.2.2 曖昧さ不確実さや分散を表す指標

本節における分析では，有価証券報告書，日経 NEEDS-FinancialQUEST の情報から算出した指標を用いる．定量的な曖昧さ不確実さや分散を表す尺度として平均情報量を用いるが，エントロピーとも呼ばれ Clausius (1865) が熱学において物体の温度とその物体に流れ込む熱という二つの量から表される，物体の状態を示すもう一つの量としたが，近年熱学の他に統計力学，情報，社会そして心の分野にまで適用されている．本節においては，曖昧さ不確実さや分散を表す Shannon (1948) の平均情報量を用いるが，Jacquemin and Berry (1979) をはじめ産業や企業の多角化度を示す指標としても利用されている．

まず，日経 NEEDS-FinancialQUEST から，有価証券報告書によって開示された事業の種類別セグメント毎の研究開発費を取得して研究開発投資平均情報量を (4.3) 式より算出する．

$$\mathrm{E} = \sum_{h=1}^{n} \mathrm{P}_h \log_2 \left(1/\mathrm{P}_h\right). \tag{4.3}$$

ここで，E は平均情報量，P は構成比，セグメント h，n はセグメント数である．次に，定性指標として単独ダミーを求める．セグメント毎に付与された日本標準産業分類コードが，ただ一つしかないものを事業戦略に伴う研究開発投資の配賦が単独として 1，それ以外を 0 とする．

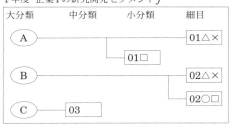

図 4.1 関連・非関連分散セグメント設定例

そして，関連分散ダミー，非関連分散ダミーを作成する (図 4.1)．まず，有価証券報告書で開示されたセグメント毎に，日本標準産業分類によって定められた主要業務と研究開発投資の分類を比較する．主要業務が属する大分類内で研究開発投資が分類されるセグメント数が，主要業務が属する大分類以外に分類されるセグメント数を上回り，かつ単独以外のものを，関連分散セグメントとする．同様に，主要業務が属する大分類以外に研究開発投資が分類されるセグメント数が，主要業務が属する大分類内で分類されるセグメント数以上であり，かつ単独以外のものを，非関連分散セグメントとする．そして，(4.4) 式の通り関連分散セグメントによって算出される平均情報量を関連分散平均情報量 E^R，非関連分散セグメントによって算出される平均情報量を非関連分散平均情報量 E^{UR} とする．関連分散ダミーは関連分散平均情報量が非関連分散平均情報量を上回るものを 1，それ以外を 0，非関連分散ダミーは非関連分散平均情報量が関連分散平均情報量以上のものを 1，それ以外を 0 とする．尚，有価証券報告書で開示された研究開発セグメント数が 1 つの場合については，関連セグメントであれば，関連分散ダミーを 1，非関連セグメントであれば非関連分散ダミーを 1 とする．

$$E = E^R + E^{UR} \tag{4.4}$$
$$= \sum_{j=1}^{l} P_j^R \log_2\left(\frac{1}{P_j^R}\right) + \sum_{k=1}^{m} P_k^{UR} \log_2\left(\frac{1}{P_k^{UR}}\right),$$
$$n = l + m, \sum_{h=1}^{n} P_h = \sum_{j=1}^{l} P_j^R + \sum_{k=1}^{m} P_k^{UR} = 1.$$

ここで，P^R は関連構成比，P^{UR} は非関連構成比，n はセグメント数，l は関連セグメント数，m は非関連セグメント数である．そして，本節における関連・非関連分散平均情報量の算出方法は，データに主要業務が付与されているため，セグメントが主要業務に関連するか否かが判断できる点が特徴的である．

4.2.2.3 実証分析の方法

実証分析にあたり，2000年度〜2004年度において上場企業のうち連続して事業の種類別セグメントに研究開発費を計上する366社，延べ1,830社をサンプル企業とする．データは全て日経 NEEDS-FinancialQUEST から取得した．本決算，連結優先，年度換算値ベースを用い，決算月数が12ヵ月に満たないものは (決算数値/決算月数) × 12ヵ月と換算する．

まず，曖昧さ不確実さや分散を表す指標の推移を見ることによって，事業戦略の分散に伴う研究開発投資の配賦の動向を示す．次に，被説明変数を収益性，説明変数は曖昧さを表す変数として回帰分析を行い，曖昧さと収益性の関係を分析する．被説明変数の収益性を表すものとしては，売上高総利益率を用いる．総利益は売上から原価を差引いた利益であるため，売上高総利益率は製品・サービスの収益性を表す．イノベーションによって付加価値が高まれば，製品・サービスの収益性が高まるため，研究開発投資の効果を示すものと考えられる．尚，収益性指標として，売上高営業利益率を用いることも多いが，企業が研究開発投資を含め投資を活発化すれば収益性が低下するため，イノベーションの効果を測るには，製品・サービスの収益性を表す売上高総利益率を用いる方が望ましいと考えられる．

そして，説明変数の事業戦略の分散に伴う研究開発投資の配賦の動向を表す変数は，研究開発投資平均情報量，関連分散ダミー，非関連分散ダミー，

表 4.6 変数の定義

略称	名称	定義
被説明変数		
(収益性)		
SGR	売上高総利益率	売上総利益/売上高
説明変数		
(曖昧さ不確実さや分散を表す指標)		
ENT	研究開発投資平均情報量	研究開発費から算出した平均情報量
RDM	関連分散ダミー	研究開発投資の関連分散を 1,その他を 0
URDM	非関連分散ダミー	研究開発投資の非関連分散を 1,その他を 0
SDM	単独ダミー	研究開発投資の単独を 1,その他を 0
(コントロール変数)		
RD	研究開発投資	研究開発費/売上高
AD	広告宣伝	広告宣伝費/売上高
HC	人的資産	人件費/従業員数
AST	企業規模	総資産の対数値

表 4.7 変数間の相関係数

	ENT	RDM	URDM	SDM	RD	AD	HC	AST	SGR
ENT	1.000								
RDM	0.427	1.000							
URDM	-0.239	-0.824	1.000						
SDM	-0.381	-0.487	-0.095	1.000					
RD	0.050	0.077	-0.021	-0.103	1.000				
AD	0.006	-0.045	0.049	0.004	0.143	1.000			
HC	-0.282	-0.230	0.196	0.100	-0.022	0.071	1.000		
AST	0.285	-0.005	0.090	-0.130	0.046	0.093	-0.183	1.000	
SGR	-0.098	-0.040	0.035	0.016	0.416	0.536	0.079	0.055	1.000

単独ダミーとする.また,その他に収益性に影響を与える要因をコントロールするため,研究開発投資,広告宣伝,人的資産,企業規模を説明変数とする.まず,研究開発の大きさそのものを示す研究開発費を用いる.そして,広告宣伝によってブランド力や販売力が高まるため,広告宣伝費を用いる.これらの費用は,事業規模をコントロールするため,売上高でデフレートす

表 4.8　サンプル企業の基本統計量

	平均	標準偏差	最小	最大	標本数
ENT	0.944	0.586	0.000	2.529	1,830
RDM	0.809	0.393	0.000	1.000	1,830
URDM	0.138	0.345	0.000	1.000	1,830
SDM	0.053	0.224	0.000	1.000	1,830
RD	0.029	0.029	0.000	0.344	1,830
AD	0.010	0.021	0.000	0.207	1,830
HC	5.336	2.092	0.122	13.749	1,830
AST	11.478	1.642	7.338	17.007	1,830
SGR	0.264	0.129	-0.009	1.000	1,830

る．また，人的資産が高いほど高付加価値製品を生み出す可能性が高まると考えられるが，一人当り人件費を用いる．人的資産を表すことは容易ではないが，人件費の総額というよりも，一人の従業員に多くの費用を費やす企業は，年功賃金制度の影響は含むものの，総じて見れば人件費を人的資産への投資とも見なしている可能性が高いと考えられ，一人当り人件費を人的資産の代理変数とする．尚，企業規模を表す指標として総資産対数値を用いる．そして，表 4.6 の通り，各変数には略称を付与する．

ここで，変数間の相関係数についてであるが，説明変数間で大きな相関は見られない (表 4.7)．したがって，研究開発投資の配賦の動向と収益性についての分析を進めることにする．

尚，分析にあたってサンプル企業の基本統計量 (表 4.8) を示す．併せて，研究開発型企業として，連続して研究開発費を計上する企業で，分析に用いる 366 社は除く，1,400 社の基本統計量 (表 4.9) および東証 33 業種分類をもとに，サンプル企業数も考慮して分類した，各々の業種による分布 (表 4.10) を示す．サンプル企業の方がやや大型，高収益性となっているものの概ね同じ傾向を示しており，サンプル企業に大きな偏りはないと考えられ，無作為なサンプルであると見なす．

表 4.9 研究開発型企業の基本統計量

	平均	標準偏差	最小	最大	標本数
RD	0.024	0.045	0.000	2.446	7,000
AD	0.008	0.019	0.000	0.339	7,000
HC	5.940	2.323	0.122	23.636	7,000
AST	10.668	1.487	5.361	16.495	7,000
SGR	0.257	0.150	-0.459	1.000	7,000

表 4.10 業種別分布

サンプル企業			研究開発型企業		
業種	企業数	比率	業種	企業数	比率
ガラス・土石製品	14	0.038	ガラス・土石製品	49	0.035
ゴム製品/パルプ・紙	10	0.027	ゴム製品/パルプ・紙	32	0.023
サービス業/情報・通信業	12	0.033	サービス業/情報・通信業/その他金融業	139	0.099
その他製品	20	0.055	その他製品	54	0.039
医薬品	8	0.022	医薬品	35	0.025
卸売業/小売業	11	0.030	卸売業/小売業	70	0.050
化学	45	0.123	化学	149	0.106
機械	52	0.142	機械	151	0.108
金属製品	14	0.038	金属製品	66	0.047
建設業/不動産業	14	0.038	建設業/不動産業	131	0.094
鉱業/石油・石炭製品	6	0.016	鉱業/石油・石炭製品	5	0.004
食料品/水産・農林業	23	0.063	食料品/水産・農林業	101	0.072
精密機器/電気機器	70	0.191	精密機器/電気機器	227	0.162
繊維製品	10	0.027	繊維製品	37	0.026
鉄鋼	12	0.033	鉄鋼	34	0.024
電気・ガス業/陸運業	6	0.016	電気・ガス業/陸運業/海運業/空運業/倉庫・運輸関連業	26	0.019
非鉄金属	14	0.038	非鉄金属	18	0.013
輸送用機器	25	0.068	輸送用機器	76	0.054
全体	366	1.000	総計	1,400	1.000

4.2.3 研究開発投資の配賦の動向
4.2.3.1 平均情報量の推移

事業分散に伴う研究開発投資の配賦の趨勢はいかなるものか，まず事業の種類別セグメントベースの研究開発投資平均情報量の推移を見ることにす

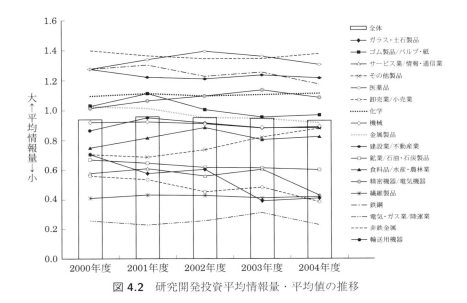

図 4.2 研究開発投資平均情報量・平均値の推移

る．全体の平均値と，業種別に集計した平均値を示す (図 4.2, 表 4.11).

卸売/小売，建設/不動産といった研究開発型産業ではない内需関連業種の一角がやや低下する変化が示された．デフレに対応するために，研究開発投資についても選択と集中を進めたものと思われる．しかしながら，全体的には期間中大きな変化は見られなかった．

また，平均情報量の水準については，繊維製品，鉄鋼，非鉄金属，化学といった素材関連業種，電気機器/精密機器といったハイテク関連業種は高く，サービス業/情報・通信業，卸売/小売といった内需関連業種とともに医薬品も低く，業種別に特徴が示された．玄場・児玉 (1999) は 1970 年代から 1990 年代にかけての製造業における産業別エントロピーを求めたが，繊維，鉄鋼，非鉄金属，精密機械の多角化度が高いとしており，同様の傾向を示すことになった．

尚，業種毎のばらつきについては，変動係数を示す (図 4.3, 表 4.12). 全体として大きな変化は見られないが，サービス業/情報通信業，卸売業/小売業，建設業/不動産業といった，内需関連業種の一角が上昇している．そ

表 4.11 研究開発投資平均情報量・平均値の推移

業種	2000年度	2001年度	2002年度	2003年度	2004年度
ガラス・土石製品	1.274	1.220	1.211	1.235	1.211
ゴム製品/パルプ・紙	1.030	1.117	1.002	0.951	0.966
サービス業/情報・通信業	0.577	0.608	0.556	0.607	0.427
その他製品	0.705	0.690	0.738	0.821	0.880
医薬品	0.412	0.433	0.430	0.408	0.420
卸売業/小売業	0.561	0.537	0.453	0.484	0.386
化学	1.096	1.114	1.099	1.107	1.111
機械	0.923	0.929	0.910	0.880	0.890
金属製品	1.027	1.017	0.954	0.942	0.915
建設業/不動産業	0.712	0.577	0.607	0.396	0.412
鉱業/石油・石炭製品	0.671	0.647	0.618	0.613	0.599
食料品/水産・農林業	0.750	0.817	0.882	0.801	0.821
精密機器/電気機器	1.018	1.066	1.097	1.136	1.084
繊維製品	1.271	1.337	1.391	1.355	1.299
鉄鋼	1.275	1.301	1.225	1.252	1.172
電気・ガス業/陸運業	0.259	0.229	0.256	0.311	0.230
非鉄金属	1.398	1.364	1.345	1.343	1.373
輸送用機器	0.868	0.952	0.915	0.877	0.882
全体	0.939	0.956	0.951	0.946	0.929

して，変動係数の水準としては，これらの上昇した内需関連業種のほか，医薬品，電気・ガス業/陸運業が高く，繊維製品，鉄鋼，ゴム製品/パルプ紙といった素材関連業種が低い．

4.2.3.2 定性区分の比率の推移

また，事業分散に伴う研究開発投資の配賦の定性区分の比率の推移を見ると，期間中総じて8割が関連分散，1割が非関連分散と9割以上が分散している (図 4.4，表 4.13)．技術革新は多様な研究が互いに作用し合い，蓄積技術の多様化が進むことで創出されると考えられているが，研究開発投資は分散して行われることが多く，更に得意な分野の周辺で分散することが多いとの示唆が得られた．

128　第 4 章　無形資産の効果向上

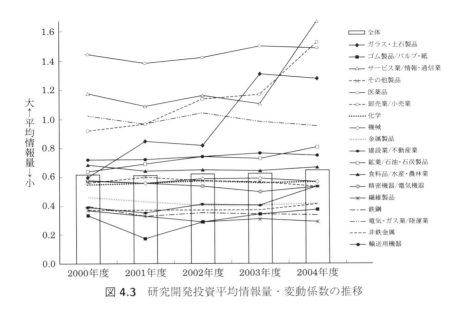

図 4.3　研究開発投資平均情報量・変動係数の推移

4.2.4　研究開発投資平均情報量と収益性の関係
4.2.4.1　平均情報量と収益性

　事業の種類別セグメントベースの研究開発投資平均情報量と収益性の関係はいかなるものか，まず平均情報量を示す ENT を被説明変数にして，各年度のデータをプールして回帰するプール分析を行う．分析の結果は，表 4.14 に示す．

　ENT の係数は，統計的に有意に負となった．平均情報量が大きいほど，収益性は低いことが示された．尚，RD，AD は有意に正であり，研究開発投資，広告宣伝が大きいほど，収益性は高いことが示された．また，AST の係数も有意に正であり，企業規模が大きいほど，収益性が高いことが示されている．

　しかしながら，以上の結果だけで平均情報量の大きさが収益性に負の効果をもたらすと判断することは早計である．研究開発の成果は，変数としては表すことができない，企業の資質に影響を受けるからである．したがって，これらの見えない効果をコントロールする必要があるため，パネル分析によ

表 4.12 研究開発投資平均情報量・変動係数の推移

業種	2000 年度	2001 年度	2002 年度	2003 年度	2004 年度
ガラス・土石製品	0.391	0.355	0.410	0.403	0.532
ゴム製品/パルプ・紙	0.341	0.175	0.291	0.342	0.372
サービス業/情報・通信業	1.177	1.086	1.158	1.100	1.654
その他製品	0.562	0.601	0.571	0.563	0.528
医薬品	1.445	1.380	1.418	1.492	1.476
卸売業/小売業	0.923	0.969	1.141	1.165	1.514
化学	0.546	0.561	0.576	0.558	0.556
機械	0.577	0.557	0.585	0.590	0.562
金属製品	0.464	0.433	0.402	0.408	0.415
建設業/不動産業	0.602	0.850	0.818	1.309	1.275
鉱業/石油・石炭製品	0.641	0.687	0.736	0.722	0.802
食料品/水産・農林業	0.687	0.641	0.647	0.637	0.661
精密機器/電気機器	0.578	0.556	0.537	0.497	0.523
繊維製品	0.374	0.332	0.292	0.310	0.288
鉄鋼	0.401	0.328	0.354	0.343	0.335
電気・ガス業/陸運業	1.029	0.967	1.046	0.982	0.948
非鉄金属	0.364	0.375	0.373	0.374	0.405
輸送用機器	0.720	0.717	0.738	0.760	0.740
全体	0.615	0.610	0.618	0.621	0.642

る推計を行う．分析の結果は，表 4.15 に示す．

　まず，見えない効果については，F 検定によって定数項が全て等しいという帰無仮説が棄却されたため，その存在が確認され，また Hausman 検定によって見えない効果が変数と無相関という帰無仮説が棄却されたため，固定効果モデルが受容される．そして，ENT の係数は有意に負となった．企業の資質といった見えない効果をコントロールしても，事業分散に伴う研究開発投資の配賦の平均情報量の大きいほど，収益性に負の影響があることが示された．また，RD，AD の係数はプール分析の結果と異なり有意に負である．したがって，研究開発投資，広告宣伝は，規模を大きくしても個別企業で見れば収益性に対して負の影響を及ぼす可能性が高く，規模を拡大する場

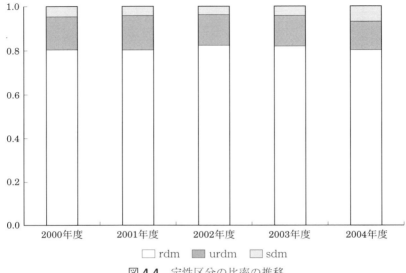

図 **4.4** 定性区分の比率の推移

表 **4.13** 定性区分の比率の推移

区分	2000 年度	2001 年度	2002 年度	2003 年度	2004 年度
rdm	0.803	0.803	0.822	0.817	0.798
urdm	0.145	0.150	0.134	0.134	0.128
sdm	0.052	0.046	0.044	0.049	0.074

(注) 各変数合計値の比率

合は，企業の資質といった見えない効果を併せて高める必要があると示される．そして，HC の係数は有意に正であり，人的資産が大きいほど収益性が高いことが示された．ただし，人的資産については企業業績の回復を受けて賃金が上昇することもあり，収益性が高いほど人的資産が高い逆の因果が含まれている可能性もある．尚，決定係数は見えない効果をコントロールしたパネル分析の方が，プール分析よりも大きく説明力が高まる．

表 4.14　平均情報量のプール分析結果

	係数	t 値
ENT	-0.026	-6.29***
RD	1.551	19.55***
AD	2.986	26.54***
HC	0.002	1.32
AST	0.003	1.72*
定数項	0.177	9.51***
自由度調整済 R^2	0.419	
サンプル数	1,830	

(注)***:1%，*:10%水準で統計的に有意

表 4.15　平均情報量のパネル分析結果

	係数	t 値
ENT	-0.006	-1.87*
RD	-0.975	-12.10***
AD	-0.038	-0.17***
HC	0.002	2.45**
AST	0.008	1.50
定数項	0.192	3.05***
自由度調整済 R^2	0.965	
F 検定	77.93***	
Hausman 検定	2,482.03***	
推定方法	固定	
サンプル数	1,830	

(注)***:1%，**:5%，*:10%水準で統計的に有意

4.2.4.2　定性区分と収益性

次に，定性区分による分析を行う．まず，関連分散を示す RDM を基準として，非関連分散を示す URDM，単独を示す SDM を説明変数とするプール分析を行う．分析結果は，表 4.16 に示す．

まず，SDM の係数は有意に正であり，事業戦略に伴う研究開発投資の配賦が単独であれば，関連分散に比べ収益性が高いことが示される．URDM

表 4.16　定性区分のプール分析結果

	係数	t 値
URDM	0.005	0.74
SDM	0.028	2.61***
RD	1.555	19.33***
AD	2.980	26.23***
HC	0.003	2.47**
AST	0.001	0.37
定数項	0.166	8.70***
自由度調整済 R^2	0.409	
サンプル数	1,830	

(注)***:1%，**:5%水準で統計的に有意

表 4.17　定性区分のパネル分析結果

	係数	t 値
URDM	0.000	-0.13
SDM	0.011	2.05**
RD	-0.974	-12.06***
AD	-0.014	-0.06
HC	0.002	2.40**
AST	0.008	1.45
定数項	0.189	3.00***
自由度調整済 R^2	0.965	
F 検定	79.40***	
Hausman 検定	1,063.97***	
推定方法	固定	
サンプル数	1,830	

(注)***:1%，**:5%水準で統計的に有意

の係数は有意ではなく，関連分散に比べた非関連分散の収益性への影響は示されなかった．また，RD，AD，HC の係数は有意に正であり，研究開発投資，広告宣伝，人的資産が大きいほど，収益性が高いことが示される．

そして，パネル分析の結果を表 4.17 に示す．F 検定から見えない効果の存在が確認され，Hausman 検定からは固定効果モデルが受容される．まず，

SDM の係数は有意に正であった．見えない効果をコントロールしても，事業戦略に伴う研究開発投資の配賦が単独であれば，関連分散に比べ収益性が高いことが示された．URDM についてもプール分析の結果と同じく，見えない効果をコントロールしても関連分散に比べた非関連分散の収益性への影響は示されなかった．尚，RD の係数は有意に負，HC の係数は有意に正であった．決定係数はパネル分析の方が，プール分析よりも大きい．

4.2.4.3 技術平均情報量との比較

事業の種類別セグメントベースの研究開発費より導かれる平均情報量については，企業の事業戦略の分散とそれに伴う研究開発投資の配賦といった，経営者の姿勢を反映する指標である．したがって，研究開発の曖昧さ不確実さや分散の実態については表していない可能性がある．よって，事業の種類別セグメントベースの研究開発投資平均情報量と，研究開発の成果としての技術平均情報量とを比較して検証する．

技術平均情報量作成のためのデータとして，知的財産研究所 (2015) の IIP パテントデータベースより，2000 年～2005 年の上場企業延べ 10,230 社分を抽出して使用する．特許平均情報量を，研究開発投資平均情報量と同様の定義として (4.3) 式より，特許クラスをセグメント h として，セグメント数で構成比 P を求め企業毎に算出した．

まず，技術平均情報量の特性について，Bloomberg より 2000 年度-2004 年の連続してデータが取得できた延べサンプル企業 6,325 社について，次の通り分析する．技術平均情報量を被説明変数として，研究開発投資として自己資本でデフレートした研究開発費，企業規模として自己資本対数値，財務状況として自己資本比率で説明するプール分析を行う．表 4.18 の通り，研究開発投資，企業規模の大きいほど，財務状況から財務レバレッジが高い企業ほど，技術平均情報量が大きい．

また，技術平均情報量の与える影響について，設備投資，企業の技術の調達源泉でる自己資本に対する利益率である ROE，そして市場の企業価値評価として PBR を被説明変数として技術平均情報量とコントロール変数で説明するプール分析を行う．表 4.19 の通り技術平均情報量が大きいほど，設

表 4.18 技術平均情報量の分析結果

	係数	t 値
研究開発投資	0.522	8.212***
企業規模	0.499	52.162***
財務状況	-1.188	-16.450***
定数項	-2.108	-20.868***
自由度調整済 R^2	0.310	
サンプル数	6,325	

(注)***:1%水準で統計的有意

備投資が大きく,表 4.20 の通り技術平均情報量が大きいほど ROE も高い.コントロール変数からは,資産回転率として総資産回転率,マージンとして売上高純利益率が高いほど ROE が高い.自己資本比率についても正の影響が示される.そして,表 4.21 の通り,技術平均情報量が小さいほど PBR は高い.株式市場で見られる,多角化ディスカウント (Lang and Stulz 1994, Berger and Ofek 1995) の可能性がある.コントロール変数である研究開発投資,総資産として総資産対数値はともに PBR に正の影響が示される.

次に,事業の種類別セグメントベースの研究開発投資平均情報量のうち,技術平均情報量にも計上されているサンプル企業について相関分析を行ったが,分析結果からは一定の相関が示された (表 4.22).

一方,業種別で見ると,技術平均情報量は事業の種類別セグメントベースの研究開発投資平均情報量 (図 4.2,表 4.11) と比べ,電力・ガス業／陸運が大きく上昇し,違いが見られる (図 4.5,表 4.23).したがって,個別で見ると事業の種類別セグメントベースの研究開発投資平均情報量は,研究開発の曖昧さ不確実さや分散の実態を表していない可能性がある.

そして,研究開発投資平均情報量と技術平均情報量が相対的に乖離している企業について検証する.事業の種類別セグメントベースの研究開発投資平均情報量と技術平均情報量で 5 分位として,2000 年度〜2004 年度の収益性 SGR,企業規模 AST,研究開発投資 RD,広告宣伝 AD,設備投資の平均値を示し,分位分析を行う.

まず,収益性 SGR として売上高総利益率を見ると,研究開発投資平均情

表 4.19　設備投資の分析結果

	係数	t 値
技術平均情報量	0.006	4.466***
研究開発投資	0.129	18.303***
企業規模	0.006	5.153***
財務状況	-0.196	-24.225***
定数項	0.097	8.411***
自由度調整済 R^2	0.155	
サンプル数	6,325	

(注)***:1%水準で統計的有意

表 4.20　ROE の分析結果

	係数	t 値
技術平均情報量	0.006	3.495***
研究開発投資	-0.081	-7.680***
資産回転率	0.040	6.064***
マージン	0.007	38.239***
財務状況	0.157	12.972***
定数項	-0.099	-9.149***
自由度調整済 R^2	0.228	
サンプル数	6,325	

(注)***:1%水準で統計的有意

表 4.21　PBR の分析結果

	係数	t 値
技術平均情報量	-0.245	-4.537***
研究開発投資	12.739	46.674***
総資産	0.169	3.457***
定数項	-0.818	-1.659***
自由度調整済 R^2	0.256	
サンプル数	6,325	

(注)***:1%水準で統計的有意

表 4.22 研究開発投資平均情報量と技術平均情報量の相関

年度	2000	2001	2002	2003	2004	2000-2004
相関係数	0.435	0.425	0.383	0.478	0.459	0.436
t 値	8.846***	8.694***	7.672***	10.086***	9.563***	20.069***
サンプル数	338	345	344	345	344	1,716

(注)***:1%水準で統計的に有意

表 4.23 技術平均情報量・平均値の推移

業種	2000 年度	2001 年度	2002 年度	2003 年度	2004 年度
ガラス・土石製品	2.441	2.206	2.290	2.336	2.275
ゴム製品/パルプ・紙	2.242	2.408	2.177	2.187	2.157
サービス業/情報・通信業	0.645	0.674	0.750	0.802	0.819
その他製品	1.599	1.780	1.696	1.796	1.720
医薬品	1.750	1.711	1.489	1.411	1.505
卸売業/小売業	0.865	0.896	0.923	0.853	0.857
化学	2.721	2.646	2.617	2.602	2.631
機械	2.111	2.183	2.072	2.106	2.021
金属製品	1.932	1.842	1.854	1.672	1.831
建設業/不動産業	1.821	1.713	1.728	1.779	1.806
鉱業/石油・石炭製品	1.522	1.630	1.790	1.511	1.675
食料品/水産・農林業	1.498	1.410	1.544	1.366	1.556
精密機器/電気機器	2.446	2.454	2.416	2.449	2.402
繊維製品	2.062	2.203	2.196	2.219	2.022
鉄鋼	2.292	2.282	2.048	2.357	1.998
電気・ガス業/陸運業	2.219	2.477	2.217	2.389	2.899
非鉄金属	3.258	2.976	2.816	3.014	2.808
輸送用機器	2.826	2.867	2.828	2.921	2.837
その他	0.379	0.441	0.479	0.573	0.554
全体	1.846	1.879	1.864	1.894	1.901

報量 1 分位/技術平均情報量 5 分位の収益性は高く,研究開発投資平均情報量 5 分位/技術平均情報量 1 分位の収益性は低い (表 4.24). 研究開発投資平均情報量は高くとも,技術平均情報量は低い場合は収益性が高く,前者が低くとも後者が高い場合は収益性が低いことが示唆される.

また,企業規模 AST として総資産対数値は,研究開発投資平均情報量 1

分位/技術平均情報量 5 分位の企業規模は小さく，研究開発投資平均情報量 5 分位/技術平均情報量 1 分位は大きい (表 4.25). また，研究開発投資 RD と広告宣伝 AD について売上高でデフレートした研究開発費と広告宣伝費は研究開発投資平均情報量 1 分位/技術平均情報量 5 分位で大きい (表 4.26, 表 4.27).

尚，設備投資については，売上高でデフレートした設備投資は研究開発投資平均情報量 1 分位/技術平均情報量 5 分位は小さく，研究開発投資平均情報量 5 分位/技術平均情報量 1 分位は大きい (表 4.28). 以上の通り，事業の種類別セグメントベースの研究開発投資平均情報量に技術平均情報量を組合せることにより，新たな特性を有した指標を示すことができる．

4.2.4.4　ポートフォリオ・シミュレーション

そして，研究開発投資平均情報量と技術平均情報量が相対的に乖離する企業群を用いて，株式ロングショート・ポートフォリオを構築し，企業群に対する市場の評価を分析する．

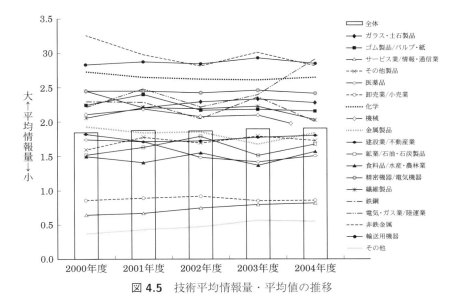

図 **4.5**　技術平均情報量・平均値の推移

表 4.24　売上高総利益率と平均情報量

	分位	研究開発投資平均情報量					
		1(高)	2	3	4	5(低)	全体
技術	(高)1	0.237	0.238	0.261	0.282	0.234	0.253
平	2	0.297	0.238	0.253	0.267	0.245	0.260
均	3	0.248	0.235	0.263	0.255	0.256	0.253
情	4	0.221	0.319	0.267	0.300	0.334	0.297
報	(低)5	0.328	0.227	0.251	0.286	0.294	0.272
量	全体	0.276	0.248	0.259	0.277	0.288	0.265

表 4.25　総資産と平均情報量

	分位	研究開発投資平均情報量					
		1(高)	2	3	4	5(低)	全体
技術	(高)1	13.632	13.338	12.282	14.183	13.529	13.462
平	2	12.339	11.886	11.500	11.470	12.399	11.843
均	3	11.194	10.969	11.071	11.130	11.572	11.203
情	4	10.790	10.862	10.653	10.736	11.016	10.820
報	(低)5	10.732	10.636	10.291	10.515	10.796	10.593
量	全体	12.665	11.666	11.023	11.187	11.364	11.578

表 4.26　研究開発費と平均情報量

	分位	研究開発投資平均情報量					
		1(高)	2	3	4	5(低)	全体
技術	(高)1	0.035	0.032	0.040	0.035	0.028	0.034
平	2	0.032	0.031	0.031	0.034	0.025	0.031
均	3	0.031	0.022	0.027	0.026	0.029	0.027
情	4	0.031	0.030	0.022	0.037	0.047	0.035
報	(低)5	0.037	0.022	0.024	0.025	0.019	0.023
量	全体	0.034	0.028	0.027	0.031	0.030	0.030

2000年度〜2004年度の各年度で研究開発投資平均情報量1分位/技術平均情報量5分位の企業をロング，研究開発投資平均情報量5分位/技術平均情報量1分位の企業をショート，各企業で等ウェイト，ロング/ショートを

表 4.27 広告宣伝費と平均情報量

	分位	研究開発投資平均情報量					
		(高)1	2	3	4	5(低)	全体
技術平均情報量	(高)1	0.006	0.011	0.010	0.017	0.003	0.008
	2	0.012	0.005	0.006	0.006	0.006	0.007
	3	0.010	0.009	0.009	0.008	0.011	0.009
	4	0.005	0.033	0.008	0.014	0.012	0.014
	(低)5	0.058	0.011	0.006	0.012	0.012	0.013
	全体	0.011	0.012	0.008	0.010	0.011	0.010

表 4.28 設備投資と平均情報量

	分位	研究開発投資平均情報量					
		1(高)	2	3	4	5(低)	全体
技術平均情報量	(高)1	0.054	0.053	0.048	0.053	0.076	0.055
	2	0.053	0.041	0.043	0.051	0.067	0.049
	3	0.042	0.030	0.043	0.041	0.049	0.042
	4	0.055	0.043	0.031	0.042	0.041	0.041
	(低)5	0.044	0.040	0.030	0.040	0.058	0.044
	全体	0.052	0.042	0.038	0.044	0.053	0.046

同金額とマーケット・ニュートラルとなるようポートフォリオを構築する．期間は各年度の翌年9月末から3年後の9月末迄と，研究開発投資の効果はラグを伴うため，やや長めの期間ホールドして，毎年度ポートフォリオを追加，期間終了後のポートフォリオを除く．また，短期金利を1ヵ月円LIBOR として基準やシャープレシオ (Sharpe 1966) 算出に用いる．

シミュレーションの結果，リターンは短期金利を大きく上回り，市場はシミュレーション期間においては研究開発投資平均情報量1分位/技術平均情報量5分位の企業の価値を高く，研究開発投資平均情報量5分位/技術平均情報量1分位の企業の価値を低く評価していると示唆され (図 4.6，表 4.29)，新たな指標の株式運用への活用可能性についての示唆も得られた．

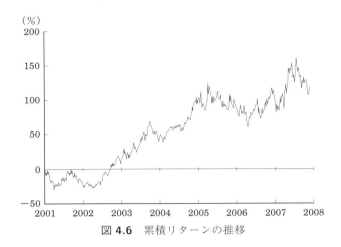

図 4.6　累積リターンの推移

表 4.29　パフォーマンス

	ポートフォリオ	短期金利
累積リターン (%)	110.787	1.123
年リターン (%)	15.279	0.162
年標準偏差 (%)	26.038	0.012
シャープレシオ	0.581	0.000
構成企業数	37	
期間	2001 年 9 月末-2008 年 9 月末	

4.2.4.5　留保事項

研究開発投資平均情報量については技術平均情報量と組合せて検証したが，その他の留保事項について述べる．

4.2.4.5.1　研究開発投資の成果

本研究において研究開発投資の成果を収益性として，製品・サービスの収益性を示す売上高総利益率を用いている．しかしながら，研究開発投資の目的は実際には一義的ではない．例えば，イノベーションの萌芽となる土壌作り (永峯・山口 2007) として基礎技術の獲得，特許の積上げ，市場シェアや売上高を伸ばすこと，企業価値向上やサスティナブル成長を目指す場合もあり，その際は収益性としての成果の発現は遅れることになろう．表 4.30 に

研究開発投資平均情報量の4年ラグまで成果との関連性を示したが，更に長期な時間を経て成果として実現することも多いと考えられ，追加の分析も必要となろう．

表 4.30 研究開発投資平均情報量ラグと収益性の関連性

	係数	t値	係数	t値	係数	t値	係数	t値
1期前 ENT	-0.006	-1.59						
2期前 ENT			-0.010	-2.18**				
3期前 ENT					-0.019	-3.02***		
4期前 ENT							-0.019	-2.08**
RD	-1.090	-11.61***	-0.019	-0.14	1.851	14.68***	1.887	10.34***
AD	-0.307	-1.06	-0.326	-0.88	2.878	16.74***	2.759	11.35***
HC	0.001	1.20	0.001	0.54	0.003	1.54	0.003	1.24
AST	0.006	0.80	0.012	1.28	0.001	0.37	0.000	0.14
定数項	0.230	2.71***	0.143	1.36	0.184	6.48***	0.190	4.64***
自由度調整済 R^2	0.966		0.975		0.449		0.437	
推計方法	固定		固定		プール		クロスセクション	
サンプル数	1,464		1,098		732		366	

(注)***:1%，**:5%水準で統計的に有意

4.2.4.5.2 研究開発投資へ影響を与える要因

研究開発の成果については，研究開発活動とは別の要因の影響も受ける．営業部門の販売力はもとより，製造部門の対応力にもよる．そして，市場内競争もしくは新規参入障壁により良質な新商品が必ずしも収益性と結びつかない可能性もある．また，スピルオーバー技術や，提携によって外部の技術を上手く取入れて，研究開発と同様の成果をあげる企業もあろう．

本節においては，パネル分析よって企業固有の効果をコントロールしているが，より詳細に企業個別の要因に分け入った精緻な分析も必要となろう．

4.2.4.6 分析の結果

以上の通り留保事項もあるが，分析結果では事業分散とそれに伴う研究開発投資の配賦の平均情報量が大きいほど，収益性には負の影響が示唆され，

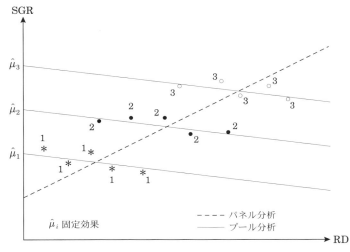

図 4.7　SGR と RD の関係のイメージ

(注) サンプル企業 3 社，5 期

単独であれば関連分散よりも収益性に正の影響が示唆された．次に，コントロール変数について，RD の係数はプール分析は正で，パネル分析は負であった．したがって，一見すれば研究開発投資が大きいほど，収益性が高いものと思われるが，個別企業で見れば研究開発投資が大きいほど収益性が低くなるということである (図 4.7)．企業が研究開発投資を活発化させるだけでは，収益性に負の影響を与え，併せて企業の資質，見えない効果を高めない限り成果は現れないということである．

そして，殆どの分析において HC の係数は有意に正であり，人的資産の価値を高めるほど，収益性には正の影響があることが示された．尚，見えない効果は見えざる企業の資質であり，無形資産と考えられる．HC が人的資産を示す他，RD が技術力，AD もブランド力・販売力といった無形資産価値を高めると考えられるため，パネル分析で存在が確認された見えない効果は，これらの変数でも捉えることができない無形資産を示すと考えられる．

また，事業の種類別セグメントベースの研究開発投資平均情報量と研究開発の成果としての特許データに基づいた技術平均情報量とを比較すると，一

定の相関は見られたものの，相対的に乖離する企業も示された．これらの企業を抽出し特性を示すとともに，株式ポートフォリオ・シミュレーションによって市場の評価を分析した．市場は研究開発投資平均情報量が高くとも，技術平均情報量が低い企業の価値を高く，前者が低くとも後者が高い企業の価値を低く評価していると示唆され，新たな指標の株式運用への活用可能性についての示唆も得られた．

4.2.5 まとめ

本節では，わが国企業の事業戦略の分散とそれに伴う研究開発投資の配賦といった経営者の姿勢が，研究開発投資の成果に関連性があるか，事業の種類別セグメントベースの研究開発費より導かれる平均情報量を用いて検証した．まず，研究開発投資平均情報量の動向であるが，分析期間中の推移について全体として大きな変化は見られないものの，業種別では内需業種の一角は低下する変化が示された．そして，平均情報量の水準は素材，ハイテク業種は高く，内需業種は低く業種別に特徴が示された．また，定性区分の推移からは，研究開発投資は得意な分野の周辺で進められることが多いとの示唆が得られた．

次に，研究開発投資平均情報量と収益性の関係についての実証分析によれば，まず平均情報量が高いほど，収益性が低いことや，定性区分による分析からは事業戦略に伴う研究開発投資の配賦が単独であれば関連分散より収益性が高い可能性が示された．また，研究開発投資が活発なほど，収益性が高いように見えるが，見えない効果を高めなければ，収益性に負の影響を及ぼすことも示された．

また，特許データに基づく技術平均情報量を組合せることにより，研究開発投資平均情報量と技術平均情報量が相対的に乖離する企業の抽出が可能となり，ポートフォリオ・シミュレーションの結果から新たな指標による株式運用への活用可能性の示唆が得られた．

第 5 章

結論

　本章では結論として，本書で構築した各無形資産価値評価モデルや無形資産の効果向上について総括し，今後の展望についても述べる．

5.1　本書のまとめ

　知識経済の進展が叫ばれ無形資産が注目される中，見えざる価値であり容易ではない無形資産価値の評価について，重用度は高まっている．しかしながら，いまだ具体的評価手法に関してコンセンサスが得られているとはいえず，議論の礎となるべく様々な評価手法の検証が必要である．また，投資家にとって無形資産に基づく中長期的なサスティナブル投資や，企業の成長の源泉として無形資産が重要となる中，無形資産に基づく運用による運用パフォーマンス向上が期待されている．したがって，本書においては市場の評価尺度となるべく無形資産価値評価モデルを構築した．コスト・アプローチ，インカム・アプローチ，リアルオプションを用いた残差アプローチ，パネル・データ・アプローチに基づく 4 つのモデルであるが，個別企業ベースの一般的に公開されている財務データを用いた，運用実務で利用可能なモデルである．

　コスト・アプローチ・モデルは無形資産投資を減価割合で減価し成果発現期間分累和するモデルである．そして，困難であるとされる人的資産に関する価値評価もモデル化し，また年功賃金制度による年齢調整後の人的資産も示した．尚，無形資産で修正した自己資本による平均 PBR は，概ね修正前の 1 倍台前半から 1 倍程度へ低下し，無形資産修正後の自己資本が企業の資産価値をより正しく反映していることを示唆する．また，無形資産成長率と無形資産の成長を表すと考えられる全要素生産性成長率はともに数 % のプラス成長となった．

インカム・アプローチ・モデルは，無形資産がもたらす利益を割引くことによって価値を評価するモデルである．利益の推計は困難であるが，無形資産がもたらす利益と無形資産投資との関係を示す推計式を求め，無形資産投資を代入することにより導出可能とした．尚，本モデルによって求められた無形資産価値と市場が評価する無形資産価値 MVA に正の相関が示され，モデルの有効性が示唆される．

リアルオプションを用いた残差アプローチ・モデルは，無形資産投資を残差アプローチにより市場が評価する無形資産価値 MVA を原資産とするプットオプションとして，プットオプションである無形資産投資にインプライされている権利行使価格を無形資産価値として評価する．リアルオプションを用いたモデルとしては，従来無形資産投資を投資機会コールオプションとしていたが，本モデルでは必要な無形資産確保の投資としてモデル化し，また原資産に時価があるため実務的に有用なモデルである．本モデルを用いて推定した無形資産価値によるプットのフロア効果，権利行使の効果が実証分析によって示されモデルの有効性が示唆され，またプットのフロア効果は株価へのポジティブな影響も示唆する．尚，オプション設定後の先行き時点で権利行使価格が定まりスタートする，フォワードスタート・オプションを適用してモデル化し実証分析を行ったが，フロアや権利行使の効果が認められ，無形資産価値はプレーンなオプションを用いて取扱いが比較的容易な本モデルと近い値となった．

パネル・データ・アプローチ・モデルは，パネル分析による企業毎の見えざる固有の効果を無形資産の効果として用いた評価手法である．本モデルは，生産関数をパネル分析によって推計し，双対性を用いて費用関数を導出し，固定効果を用いて無形資産がもたらす付加価値及び費用を割引くことによって価値を評価する．生産関数と費用関数からなる非線形な利潤関数ではなく，対数変換による線形な生産関数を推計するため取扱いやすく，無形資産の効果を企業価値として導出するため，運用実務で有用なモデルである．尚，本モデルを用いた実証分析において，非線形な利潤関数と本モデルで用いる対数変換後に線形となる生産関数のパラメータ推計値を比較すると，近い値となった．また，株式時価総額と自己資本簿価の関係よりも，株式時価

総額と自己資本簿価及び無形資産価値の方が高い関連性を示し，モデルの有効性が示唆される．

そして，各無形資産価値評価モデルに適した企業について，まずコスト・アプローチ・モデルは無形資産投資の累和で評価するため，無形資産投資を行っている企業であれば利益が小さくても価値評価できるが，無形資産価値推定値は営業利益が小さくてもMVAと有意な相関が示される．インカム・アプローチ・モデルについては無形資産投資より無形資産がもたらす利益を推計するため，無形資産投資を行っており，投資に対する利益を獲得している企業の評価に適している．また，リアルオプションを用いた残差アプローチ・モデルについては，株価に情報が織込まれて安定的であり，無形資産投資も行われている企業，大型企業の評価に適していると考えられるが，プットのフロア効果は株式時価総額が大きいほど有効性が高い．そして，パネル・データ・アプローチ・モデルについては，無形資産投資の有無に関わらず評価が可能であるが，研究開発費と広告宣伝費を計上していない企業についても，無形資産価値推定値はMVAと有意な相関が示される．また，直接的な無形資産への投資ではなく，生産設備に体化された技術を無形資産として取込む企業の評価にも適している．

更に，各モデルの合成手法として，無形資産価値と相関が高いと思われる変数と合成される無形資産価値との相関が最大化するよう，各無形資産価値がウェイト付される方法を示す．併せて，株式運用で有効に活用できるよう，合成無形資産を用いた株式期待収益率の導出手法も提示する．そして，代表的な企業価値評価モデルであるOhlsonモデルに無形資産価値を反映する方法や，信用格付と無形資産の関連性についても示す．

また，本書においては無形資産の効果向上に寄与すべく，開示と株価動向，開発の平均情報量と収益性についての分析も行った．まず，無形資産に関する情報開示として知的財産報告書を発刊した企業の株価動向について考察した．知的財産報告書を発刊した場合，株価リターンやバリュエーションとしてPBRに対する影響は確認されなかったものの，株価のボラティリティが低下するといった一定の効果が実証された．リスクの減少は企業にとっては資本コスト低下の効果，投資家の視点からは運用実務における知見となる．

そして，無形資産に関する開発について，わが国企業の事業戦略の分散とそれに伴う研究開発投資の配賦といった経営者の姿勢が，研究開発投資の成果に関連性があるか，事業の種類別セグメントベースの研究開発費より導かれる平均情報量を用いて検証した．まず，研究開発投資平均情報量の動向であるが，分析期間中の推移について全体として大きな変化は見られないものの，業種別では内需業種の一角は低下する変化が示された．そして，平均情報量の水準は素材，ハイテク業種は高く，内需業種は低く業種別に特徴が示された．また，研究開発投資平均情報量と収益性の関係についての実証分析によれば，平均情報量が高いほど収益性が低いことが示された．そして，特許データに基づく技術平均情報量を組合せることにより，研究開発投資平均情報量と技術平均情報量が相対的に乖離する企業の抽出が可能となり，ポートフォリオ・シミュレーションの結果から新たな指標による株式運用への活用可能性の示唆が得られた．

5.2　今後の展望

さて，本書で構築した無形資産価値評価モデルは，個別企業ベースの一般的に公開されている財務データを用いて，4つのモデルで大部分の企業の評価が可能とカバレッジが高く，求解が困難ではなく取扱いやすい，市場における評価尺度となるべく運用実務で利用可能なモデルである．そして，実証分析によって，各々モデルの有効性が示唆された．

実務での応用が今後の展望となるが，投資家の株式運用のための期待収益率導出の他，無形資産価値ウェイトを用いた新指数の開発，アナリストの企業調査やクレジット投資の判断と運用業務への多くの活用が期待できる．また，経営者の経営判断，ステークホルダーの企業評価のために参照してもよい．更に既存の企業価値評価モデルへ反映することにより，応用範囲も拡大する．

本書を通して無形資産価値評価について議論が高まり，コンセンサスが確立することを期待し，実務での幅広い応用を展望する．

参考文献

Becker, Gary S. (1962), Investment in human capital: A theoretical analysis *The journal of political economy*, 70(5), 9-49.

Benzion, U. (1978), The investment aspect of nonproduction expenditures: An empirical test *Journal of Economics and Business*, 30(3), 224-229.

Berger, Philip G., Ofek, Eli(1995), Diversification's Effect on Firm Value, *Journal of Financial Economics*, 37(1), 39-65.

Black, Fischer and Scholes, Myron(1973), The Pricing of Options and Corporate Liabilities, *Journal of Political Economy*, 81(3), 637-654.

Barth, M. E., Beaver, W. H., Hand, J. R., & Landsman, W. R. (1999), Accruals, cash flows, and equity values, *Review of Accounting Studies*, 4(3-4), 205-229.

Bradley, M., Jarrell, G. A., and Kim, E. H. (1984), On the existence of an optimal capital structure: Theory and evidence, *The journal of Finance*, 39(3), 857-878.

Clausius, R. (1865), On Several Convenient Forms of the Fundamental Equations of the Mechanical Theory of Heat, *the Vierteljahrsschrift of this Society*, 10, 1.

Clarke, Roger, De Silva, Harindra, Thorley, Steven(2002), Portfolio constraints and the fundamental law of active management, *Financial Analysts Journal*, 58(5), 48-66.

Cobb, W., and Douglas, P. H. (1928), A theory of production *The American Economic Review*, 18(1), 139-165.

Damodaran, Aswath,(2002), Investment Valuation: *Tools and Techniques for Determining the Value of Any Asset, Second Edition*, John Wiley & Sons.

Dechow, P. M., Hutton, A. P., & Sloan, R. G. (1999), An empirical assessment of the residual income valuation model, *Journal of accounting and economics*, 26(1), 1-34.

Del Bello, A.(2007), Credit rating and intangible assets: A preliminary inquiry into current practices, *Visualising Intangibles: Measuring and Reporting in the Knowledge Economy*, Ashgate Publishing, 165-190.

Diewert,W. E. (1971), An application of the Shephard duality theorem: A generalized Leontief production function *Journal of Political Economy*, 79(3), 481-507.

Dixit, Avinash K. and Pindyck, Robert S. (1994), *Investment under Uncertainty*, Princeton University Press.

Eberhart, A., Maxwell, W., and Siddique, A.(2008), A reexamination of the tradeoff between the future benefit and riskiness of R&D increases, *Journal of Accounting Research*, 46(1), 27-52.

Edwards, E. O. and Bell, P. W. (1961), *The Theory and Measurement of Business Income*, University of California Press.

Elliott, R., and Jacobson, P. (1991), US accounting: A national emergency *Journal of Accountancy*, 172, 54-58.

Ellis, Lynn W.(1997), *Evaluation of R&D Processes: Effectiveness Through Measurements*, Artech House Publishers.

Fisher, Irving(1936), *Note on a short-cut method for calculating distributed lags*, Bulletin de l'Institut international de statistique, 29, 323-328.

Fuss, M. A., and McFadden, D. (1978), *Production economics: A dual approach to theory and applications, Amsterdam*: North-Holland.

Global Sustainable Investment Alliance(2015), *Global Sustainable Investment Review*.

Grinold, Richard C.(1989), The fundamental law of active management, *The Journal of Portfolio Management*, 15(3), 30-37.

Hall, B. H.(2002), The financing of research and development, *Oxford review of economic policy*, 18(1), 35-51.

Hand, J. R., & Landsman, W. R. (2005), The pricing of dividends in equity valuation, *Journal of Business Finance & Accounting*, 32(3-4), 435-469.

Hosono, Kaoru, Takizawa, Miho(2017), Intangible Capital and the Choice of External Financing Sources, *RIETI Discussion Paper Series*, 17-E-053.

Hulten, C. R. (2000), Total Factor productivity: A ahort biography. *NBER Working Papers*, 7471.

Ibbotson (2007), *Japanese equity risk premia report 2008*, Ibbotson Associates Japan.

Interbrand(1997), *Brand valuation, Third Edition*, Premier Books.

Jacquemin, Alexis P. and Berry, Charles H. (1979), Entropy measure of diversification and corporate growth, *The Journal of Industrial Economics*, 27(4), 359.

Jenkins, E. (1994), An information highway in need of capital improvements *Journal of Accountancy*, 177, 77-82.

Klein, S. J.(1985), Innovation is not a linear process, *Research Management*, 28(4), 36-45.

Kossovsky, N., Brandegee, B., & Arrow, A. K. (2002), *Online patent and license exchange*, US Patent 2002/0004775.

Lang, Larry H. P., Stulz, Rene M.(1994), Tobin's q, Corporate Diversification, and Firm Performance, *Journal of Political Economy*, 102(6), 1248-1280.

Lazear, Edward P. (1979), Why is there mandatory retirement? *The Journal of Political Economy*, 87(6), 1261-1284.

Lee, Charles M. C. (1999), Accounting-based valuation: Impact on business practices and research, *Accounting horizons*, 13(4), 413-425.

Lev, Baruch and Radhakrishnan, Suresh(2003), The Measurement of Firm-Specific Organization Capital, *NBER Working Paper*, 9581.

Lev, Baruch and T.Sougiannis(1996), The capitalization, amortization,and value-relevance of R & D, *Journal of Accounting & Economics* 21, 107-138.

Lev, Baruch, and Zarowin, P. (1999), The boundaries of financial reporting and how to extend them *Journal of Accounting Research*, 37(2), 353-385.

Lev, Baruch(2001), Intangibles: *Management, Measurement, and Reporting*, Brookings Institution Press.

Liano, C. H.(2013), R&D Performance and Credit ratings, *Journal of Accounting, Finance and Economics*, 3(2), 53-71.

Long, M. S., and Malitz, I. B.(1985), Investment patterns and financial leverage, *Corporate capital structures in the United States*, University of Chicago Press, 325-352.

Luehrman, Timothy A.(1997), What's it worth? A general manager's guide to valuation, *Harvard Business Review*, 75(3), 132-42.

Marquis, Christopher, Beunza, Daniel, Ferraro, Fabrizio, Thomason, Bobbi(2011), Driving sustainability at Bloomberg LP., *Harvard Business School Organizational Behavior Unit Case*, 411-025.

Matyas, L., and Lovrics, L. (1991), Missing observations and panel data, *Economics Letters*, 37, 39-44.

McDonald, Robert and Siegel, Daniel(1986), The Value of Waiting to Invest, *Quarterly Journal of Economics*, 101(4), 707-728.

Merton, R. C.(1974), On the pricing of corporate debt: The risk structure of interest rates, *The Journal of finance*, 29(2), 449-470.

Motohashi, K. (2005), Firm level analysis of information network use and productivity in Japan *Journal of the Japanese and International Economies*, 21(1), 121-137.

Mourtisen, J., Bukh, P. N., & Marr, B. (2005), A reporting perspective on intellectual capital. In B. Marr(Ed.), *Perspectives in intellectual capital*, 6981, Butterworth: Elsevier.

Myers, S. C.(1977), Determinants of corporate borrowing, *Journal of financial economics*, 5(2), 147-175.

Myers, J. N. (1999), Implementing residual income valuation with linear information dynamics, *The Accounting Review*, 74(1), 1-28.

Nadiri,M. I. (1982), Producers theory. In K. J. Arrow&M. D. Intriligator (Eds.), *Handbook of mathematical economics*, Vol. II Amsterdam: North-Holland.

Nakamura, L. (1999), Intangibles: What put the new in the new economy? *Business Review, Federal Reserve of Philadelphia*, July/August, 3-16.

Nielsen, C., and Madsen, M. T. (2009), Discourses of transparency in the intellectual capital reporting debate: Moving from generic reporting models to management defined information. *Critical Perspectives on Accounting*, 20(7), 847-854.

OECD(2010), *Handbook on Deriving Capital Measures of Intellectual Property Products*, OECD Publishing.

Ohlson, J. A. (1995), Earnings, book values, and Dividends in equity valuation, *Contenporary Accounting Research*, 11, 661-687.

Ohlson, J. A. (2001), Earnings, book values, and dividends in equity valuation: An empirical perspective, *Contemporary accounting research*, 18(1), 107-120.

Ota, K. (2002), A test of the Ohlson (1995) model: Empirical evidence from Japan, *The International Journal of Accounting*, 37(2), 157-182.

Price, W. J. and Bass, L. W.(1969), Scientific research and the innovative process, *Science*, 164(16), 802-806.

PricewaterhouseCoopers (2005), *Trends 2005: Good Practices in Corporate Reporting*, 23-24.

Psillaki, M., Tsolas, I. E., and Margaritis, D.(2010), Evaluation of credit risk based on firm performance, *European Journal of Operational Research*, 201(3), 873-881.

Qian, Edward, Sorensen, Eric H., Hua, Ronald(2007), Information horizon, portfolio turnover, and optimal alpha models, *The Journal of Portfolio Management*, 34(1), 27-40.

Ramirez, P. G., and Hachiya, T. (2006a), Measuring firm-specific organizational capital and its impact on value and productivity: Evidence from Japan *Review of Pacific Basin Financial Markets and Policies*, 9, 549-573.

Ramirez, P. G., and Hachiya, T. (2006b), How do firm-specific organizational capital and other intangibles affect sales, value and productivity? Evidence from Japanese firm-level data, *International Journal of Innovation and Technology Management*, 3, 265-282.

Ramirez, P. G., and Hachiya, T. (2008), Measuring the contribution of intangibles to productivity growth: A disaggregate analysis of Japanese firms, *Review of Pacific Basin Financial Markets and Policies*, 11(2), 151-186.

Rappaport, Alfred. (1981), Selecting strategies that create shareholder value *Harvard Business Review*, 59(3).

Ravenscraft, D. and Scherer F.M.(1982), The Lag Structure of Returns to Research and Development, *Applied Economics*, 14.

Reilly, R. F., and Schweis, R. P. (1999), *Valuing intangible assets* New York: McGraw-Hill.

Rimerman, T. W. (1990), The changing significance of financial statements *Journal of Accountancy*, 169, 79-83.

Rubinstein, Mark. (1991), Pay now, choose later *Risk*, 4(2), 13.

Sadowski, D., and Ludewig, O. (2003), Organisational capital: The power of an economic metaphor-organisational capital in german establishments *IAAEG Discussion Paper Series*, 2003/02.

Samuelson, P. A. (1947), *Foundations of economic analysis*, Cambridge: Harvard University Press.

Shannon, Claude E. (1948), A Mathematical Theory of Communication, *Bell System Technical Journal*, 27, 379-423, 623-656.

Sharpe, William F. (1966), Mutual fund performance, *The Journal of business*, 39(1), 119-138.

Shephard, R. W. (1953), *Cost and production functions* Princeton: Princeton University Press.

Shephard, R. W. (1970), *Theory of cost and production functions* Princeton: Princeton University Press.

Shi, C.(2003), On the trade-off between the future benefits and riskiness of R&D: A bondholders' perspective, *Journal of Accounting and Economics*, 35(2), 227-254.

Skandia(1998), Human Capital in Transformation, *Intellectual Capital Prototype Report*.

Smith, G. V., and Parr, R. L. (2000), *Valuation of intellectual property and intangible assets* London: Willey.

Solow, R. M. (1957), Technical change and the aggregate production function *Review of Economics and Statistics*, 39(3), 312-320.

Stewart, G. Bennett, III (1991), *The Quest for Value*, HarperCollins Publishers, inc.

Sveiby, Karl E. (1989), *The invisible balance sheet*, Stockholm: Affarfgarblen.

Titman, S., and Wessels, R.(1988), The determinants of capital structure choice, *The Journal of finance*, 43(1), 1-19.

Uzawa, H. (1964), Duality principles in the theory of cost and production *International Economic Papers*,5, 216-220.

Vasicek, O. A. (1973), A note on using cross-sectional information in Bayesian estimation of security betas, *The Journal of Finance*, 28(5), 1233-1239.

Yamaguchi, Tomohiro (2018), The Ohlson model and intangible assets: The problem of specifying 'Other Information', SSRN Working Paper, Available at SSRN: https://ssrn.com/abstract=3142397.

Yamaguchi, Tomohiro (2014), Intangible Asset Valuation Model Using Panel Data, Asia-Pacific Financial Markets, 21(2), 175-191.

安部忠彦 (2004), なぜ企業の研究開発投資が利益に結びつきにくいのか, **FRI Economic review**, 8(1), 48-63.

伊藤善夫 (2000), 経営戦略と研究開発戦略-技術革新とトップマネジメントの役割, 白桃書房.

伊藤邦雄・日本経済新聞社 (2002), 実践 コーポレートブランド経営, 日本経済新聞社.

氏原正治郎 (1961), 日本の労使関係, 東京大学出版会.

経済産業省 (2001), ブランド価値評価研究会報告書.

経済産業省 (2004a), 通商白書.

経済産業省 (2004b), 知的財産情報開示指針 特許・技術情報の任意開示による企業と市場の相互理解に向けて.

経済産業省 (2005), 知的資産経営の開示ガイドライン.

経済産業省 (2006), 平成 16 年企業活動基本調査確報.

経済産業省 (2011), 平成 23 年度年次経済財政報告書.

経済産業省 (2012), イノベーション創出に資する我が国企業の中長期的な研究開発に関する実態調査, 平成 23 年度産業技術調査報告書.

経済産業省 (2014), 平成 26 年企業活動基本調査確報.

玄場公規・児玉文雄 (1999), わが国製造業の多角化と収益性の定量分析, 研究 技術 計画, 14(3), 179-189.

玄場公規・玉田俊平太・児玉文雄 (2005), 科学依拠型産業の分析, *RIETI Discussion Paper Series*, 05-J-009, A6-8.

厚生労働省 (2000), 平成 12 年賃金構造基本統計調査.

厚生労働省 (2006), 平成 17 年賃金構造基本統計調査.

厚生労働省 (2008), 平成 20 年賃金構造基本統計調査.

厚生労働省 (2016), 平成 27 年賃金構造基本統計調査.

榊原清則・辻本将晴 (2003), 日本企業の研究開発の効率性はなぜ低下したのか, *ESRI Discussion Paper Series*, 47.

佐々木隆文・鈴木健嗣 (2010), 研究開発投資のファイナンス, 証券アナリストジャーナル, 48(4), 35-44.

住田孝之・二村隆章・山本高稔・岡田依里 (2004), 第 1 部 座談会: 知的財産報告書の事例分析, 知的財産報告書の事例分析 別冊 **NBL**, No.98, 商事法務, 18-19.

外木暁幸・北岡美智代・小林裕子 (2014), R&D 資本投資の四半期及び確報推計手法の研究, 季刊国民経済計算, 153, 91-113.

知的財産研究所 (2015), IIP パテントデータベース, http://www.iip.or.jp/patentdb/.

土屋宰貴・西岡慎一 (2013), 無形資産を考慮した企業のデフォルト率の推計, **日本銀行ワーキングペーパーシリーズ**, No.13-J-12.

内閣府 (2010), R&D サテライト勘定の調査研究 報告書, **季刊国民経済計算**, 144.

長島直樹 (2001), 企業の広告効果に関する批判的検討-消費財製造業の数値分析を通して, **FRI 研究レポート**, 113.

永峯英行・山口栄一 (2007), 選択と集中のジレンマ, **ITEC Working Paper Series**, 10, 1-15.

西村優子 (2001), **研究開発戦略の会計情報**, 白桃書房.

日本政策投資銀行 (2015), 2014・2015・2016 年度 設備投資計画調査 (2015 年 6 月調査), **調査**, 108.

森川正之 (2015), 無形資産投資のファイナンス, **組織科学**, 49(1), 45-52.

文部科学省 (2006), **民間企業の研究活動に関する調査報告 (平成 17 年度)**.

山口智弘 (2018a), 信用格付と無形資産, **研究・イノベーション学会第 33 回年次学術大会予稿集**.

山口智弘 (2018b), 無形資産価値評価モデルに関する考察—各モデルの特性と合成—, **日本金融・証券計量・工学学会 (JAFEE) 第 48 回大会予稿集**.

山口智弘 (2017a), Ohlson モデルと無形資産 —「その他情報」の特定化問題—, **日本金融・証券計量・工学学会 (JAFEE) 第 47 回大会予稿集**.

山口智弘 (2017b), フォワードスタート・オプションを用いた無形資産価値評価, **日本金融・証券計量・工学学会 (JAFEE) 第 46 回大会予稿集**.

山口智弘 (2016a), リアルオプションを用いた無形資産価値評価, **リアルオプション学会 2016 年研究発表大会予稿集**.

山口智弘 (2016b), 研究開発投資と技術の多角化度－収益性や企業価値との関連性－, **研究・イノベーション学会第 31 回年次学術大会予稿集**.

山口智弘 (2009a), 研究開発投資の多角化と収益性, **研究 技術 計画**, 24(1), 89-100.

山口智弘 (2008a), リアルオプションを用いた無形資産価値評価モデル, **非流動性資産の価格付けとリアルオプション／ジャフィージャーナル**, 朝倉書店, 52-73.

山口智弘 (2006a), 無形資産価値評価モデルについて, **証券アナリストジャーナル**, 44(6), 113-128.

山口智弘 (2006b), 知的財産報告書の発刊と株価動向, ビジネス・インサイト, 14(3), 94-106.

若杉隆平 (1986), **技術革新と研究開発の経済分析**, 東洋経済新報社.

索引

あ

アーモンラグ　21, 22
ROE　133, 134
IC　91
曖昧さ　122
曖昧さ不確実さや分散を表す指標　120, 122
アクティブリスク　91
アセットオーナー　2
ESG　3, 87, 88, 100, 101
ESG 投資　2
EVA　10, 38〜40
イノベーション　16, 108, 109, 118, 122
インカム・アプローチ　5, 7, 9, 11, 15, 38, 41, 43, 48, 83, 87, 145
インカム・アプローチ・モデル　4, 38, 83〜85, 89, 146
Information ratio　91
売上高総利益率　122, 140
運用パフォーマンス　2〜5, 145
エージェンシーコスト　98, 100
F 検定　59, 61, 67, 76, 129, 132
MM 理論　92
MVA　8, 11, 12, 46, 48〜51, 53〜55, 62, 84, 86, 87, 146, 147
エントロピー　118, 120, 126
Ohlson モデル　92, 97, 147
オフバランス　3, 105

か

会計発生高　92, 97
開示と株価動向　5, 105, 147
開発の平均情報量と収益性　118, 147
価値評価　2, 12, 57, 105, 145
価値を評価　11, 12, 17, 22, 37〜39, 48, 55, 56, 69, 82, 146
カバレッジ　4, 5, 148
株価　31, 54, 55, 58, 59, 65, 68, 105, 110〜113, 146, 147
株式時価総額リターン　58
株価動向　105, 106, 110, 111, 116, 147
株価ボラティリティ　56, 57
株価リターン　58, 61, 147
株式時価総額　7, 11, 13, 46, 48, 50, 51, 53, 55, 57, 58, 62, 76, 80〜84, 146, 147
株式時価総額ボラティリティ　51, 57, 62
株主価値重視経営　55, 62
株主資本コスト率　43, 61, 72
関連分散　127, 131〜133, 142
関連分散セグメント　121
関連分散ダミー　121, 122
関連分散平均情報量　121
幾何ブラウン運動　12, 51, 62
企業価値評価モデル　147, 148
技術資産　41, 42, 46, 48, 52, 57, 67, 68
技術平均情報量　119, 133, 134, 136〜140, 142, 143, 148
期待 EVA　39〜45, 48, 83〜85
期待収益率　4, 89, 91, 147, 148
規模の経済性　76, 77
業種別　8, 43, 57, 110, 126, 143, 148

業種別東証株価指数 58
議論の礎 2, 145
金融商品取引法 4
クリーンサープラス 92, 93
グロース指標 91
経営者の姿勢 133
景気敏感業種 89
経済的利益 9〜11, 38
減価 8, 17〜19, 21, 58, 84, 89, 145
減価償却費 7, 22, 32, 38, 39, 69, 71, 74, 108
減価率 9, 21
減価割合 8, 17〜22, 29, 43, 145
研究開発 108, 110, 123, 128
研究開発活動 118, 119
研究開発資産 7, 9, 13, 17〜20, 29, 30, 66
研究開発資産評価モデル 8, 9, 17
研究開発成果 15, 118
研究開発セグメント 107
研究開発戦略 108, 109
研究開発投資 1, 3, 8, 12, 17, 18, 41, 49, 55, 56, 112, 118, 121〜123, 126〜129, 132, 142, 143
研究開発投資の配賦 118, 119, 122, 124, 125, 127, 129, 131, 133, 141, 143
研究開発投資の平均情報量と収益性 5
研究開発投資平均情報量 119, 120, 122, 125, 133, 134, 136〜143, 148
研究開発投資平均情報量と収益性 128
研究開発の曖昧さ不確実さや分散の実態 133, 134
研究開発費 4, 8, 9, 17, 18, 20, 22, 28, 29, 32, 38〜41, 43, 52, 60, 83, 108, 110, 119, 120, 122〜124
現在価値 7, 10, 39, 50, 52, 54, 72, 73

原資産価値 56, 68
原資産 12, 49〜51, 55, 56, 62, 68, 146
権利行使価格 12, 49〜51, 62, 68, 146
権利行使の効果 68, 146
広告宣伝資産 9, 17〜19, 29, 30
広告宣伝投資 49
広告宣伝費 4, 8, 17, 18, 20, 22, 28, 29, 32, 38〜41, 43, 52, 60, 67, 123
合成される無形資産価値 147
コールオプション 12, 49, 56
コスト・アプローチ 5, 7〜9, 15, 17, 19, 21, 37, 38, 83, 84, 87, 145
コスト・アプローチ・モデル 4, 17, 83, 84, 89, 145
固定効果 13, 69, 70, 75, 76, 79, 82, 146
固定効果モデル 59, 61, 67, 76, 129, 132
Cobb-Douglas 型関数 76
Cobb-Douglas 型生産関数 69
Cobb-Douglas 型費用関数 71
コベナンツ 98
固有の効果 8, 12, 13, 146
コンセンサス 2, 145, 148
コントロール変数 13, 58, 60, 115, 142

さ
財務データ 4, 5, 7〜9, 11, 37, 56, 68, 73, 74, 148
財務リスク 98, 101
サスティナブル投資 2, 5, 145
サプライサイド 69, 82
残差アプローチ 11, 49, 55, 68, 146
残余利益 91〜94, 97
CES 型生産関数 76
GPIF 3

事業戦略の分散　118, 119, 122, 133
事業の種類別セグメントベース　118, 119, 125, 128, 133, 134
事業分散　118, 125, 127, 129, 141
事業リスク　98, 101
自己資本　8, 38, 90, 105, 145
自己資本簿価　31, 80, 81, 83, 146, 147
時差相関係数　42〜44
資産価値　13, 38, 145
市場が評価する無形資産価値　46, 48, 68, 84, 87, 146
市場の評価尺度　145
指数　148
実証分析　5, 8, 15, 21, 29, 37, 38, 42, 48, 56, 68, 73, 74, 82, 83, 119, 122, 143, 146, 148
資本　13, 16, 22, 38, 69, 74, 83, 84
資本コスト　38, 55
資本コスト率　40, 42, 43, 60, 74, 75
収益性　122, 124, 128〜133, 142, 143, 148
順序尺度　100
順序ロジットモデル　100, 101
情報開示　3, 9, 55, 105, 107, 111
情報の非対称性　98, 99, 101
Short-Cut Method　21, 42, 44
ショート・ターミズム　2
人的資産　1, 9, 17, 19, 20, 29, 30, 33, 34, 36, 37, 39, 42, 46, 48, 49, 52, 57, 66〜68, 83, 123, 124, 130, 132, 142, 145
信用格付　98〜101
ステークホルダー　3
成果発現期間　8, 9, 17, 19, 20, 22, 23, 29, 50, 53, 57, 145
成果発現率　8, 9, 20〜22
生産関数　8, 12, 13, 20, 68, 69, 71, 72, 76, 78, 79, 82, 146
生産性　2
生産設備　16, 86, 89, 147
生産要素　4, 13, 16, 19, 69, 71, 74, 80, 83
成長機会　98, 99
正の相関　32, 48, 146
セグメント情報開示　119
説明変数　8, 13, 20, 58〜60, 66, 76, 80, 81, 122〜124, 131
線形　42, 44, 82, 146
線形関数　72, 78
線形情報ダイナミクス　92, 94
選択と集中　126
全要素生産性成長率　13, 30, 32, 38, 145
双対性　71, 146
組織資産　13
その他情報　91〜94, 97
ソロー・モデル　16, 20

た
ターミナルバリュー　83
対数変換　70, 72, 78, 82, 146
代替の弾力性　76, 77
タイムラグ　18〜20, 22, 29
多角化ディスカウント　134
多角化度　120, 126
多様化　109
単独ダミー　123
担保価値　98, 99
知財情報開示　107
知識経済　1, 2, 49, 145
知的財産情報　107
知的財産情報開示　107
知的財産情報開示指針　106, 107, 109, 110
知的財産情報開示促進　106

知的財産報告書　55, 105〜114, 116, 117, 147
超過人件費　4, 18〜20, 22, 28, 29, 33, 34, 36, 38〜41, 43, 52, 60
超過PBR　113, 117
追加的な情報開示　117
DEA　101
定性区分　119, 131, 132, 143
定性区分の比率の推移　127
デフォルトリスク　98, 99, 101
デフォルト率　99, 101
投資機会オプション　12, 56
投資コールオプション　12, 68
投資機会コールオプション　146

な

内需業種　46, 89, 143, 148
年功賃金制度　33, 124, 145
年齢調整　33, 145
NOPAT　10, 38, 55

は

ハイテク　57, 126, 143, 148
配当無関連命題　92
配当割引モデル　92
Hausman検定　59, 61, 67, 76, 129, 132
パネル・データ　8, 12, 69, 73, 82, 119
パネル・データ・アプローチ　5, 8, 12, 15, 74, 83, 87, 145
パネル・データ・アプローチ・モデル　4, 68, 69, 83, 84, 86, 89, 146
パネル分析　8, 12, 13, 59〜61, 66〜70, 73, 82, 128, 130〜133, 142, 146
パラメータ　40, 41, 69〜72, 75, 76, 78, 80

パラメータ推計値　76, 78, 79, 82, 146
バリュー指標　90
バリュエーション　5, 66〜68, 89, 147
PBR　31, 66, 112, 113, 115, 117, 147
BPS　90, 105
非関連分散　127, 131〜133
非関連分散セグメント　121
非関連分散ダミー　121, 122
非関連分散平均情報量　121
非財務情報　118
被説明変数　13, 20, 58, 60, 66, 80, 122, 128
非線形　82, 146
非線形関数　78
費用　7, 8, 12, 13, 17〜19, 38, 42, 67〜69, 71〜73, 78, 82, 124, 146
評価尺度　3〜5
評価手法　1〜3, 5, 8, 12, 69, 82, 145, 146
費用関数　69, 71, 72, 78, 82, 146
フェア・ディスクロージャー　4
フェア・ディスクロージャー・ルール　4
フォワードスタート・オプション　62, 64, 68, 146
付加価値　13, 16, 20, 22, 32, 38, 49, 69〜73, 82, 111, 122, 146
負債エージェンシーコスト　98
プットオプション　49〜51, 56〜58, 62, 68, 146
Black-Scholesモデル　8, 12, 51, 62
ブランド　1, 7〜11, 15〜18, 39, 41, 46, 50, 57, 62, 67, 123, 142
ブランド価値　9〜11
ブランド価値評価モデル　9, 10
ブランド資産　41, 42, 46, 48, 52, 57, 66〜68

Breadth 4
フロア効果 59, 68, 146
分位分析 134
分布ラグ 21, 42
分布ラグモデル 42
平均情報量 105, 118〜122, 125, 126, 128, 129, 131, 133, 141, 143, 148
平均年齢 33, 34, 36
平均PBR 38, 145
ベータ 43, 61, 75
ペッキングオーダー仮説 98
ポートフォリオ・シミュレーション 137, 143, 148
ボラティリティ 51, 54〜57, 68, 112, 114〜117, 147

ま

マーケット・アプローチ 7, 8, 11
見えざる価値 16, 32, 145
見えざる企業の資質 142
無形資産 1〜4, 7, 10〜13, 15〜20, 31, 32, 37〜41, 43, 44, 46, 48〜51, 53〜62, 65〜69, 76, 80〜82, 86, 105, 106, 113, 117, 142, 145, 146
無形資産価値 1, 3, 5, 7〜9, 19, 22, 29, 32, 37, 40, 42, 43, 45, 46, 48〜57, 60, 61, 65, 68, 69, 73, 75, 76, 79〜81, 83, 84, 86, 87, 89, 91, 97, 105, 118, 142, 145〜147
無形資産価値ウェイト 148
無形資産価値評価モデル 1, 4, 5, 8, 15, 17, 38, 48, 68, 69, 82〜84, 145, 148
無形資産価値評価 9
無形資産成長率 38, 145
無形資産投資 1, 3, 21, 39〜41, 43, 44, 48〜53, 55, 57, 60, 62, 65, 68, 84, 85, 89, 118, 145, 146

無形資産投資額 40
無形資産に関する開発 148
無形資産に関する情報開示 147
無形資産の効果 13, 69, 70, 72〜74, 80, 83
無形資産の効果向上 5, 105, 145, 147
無形資産の成長 38
無形資産の定義 15
無形資産の分類方法 15
無形資産変動 95, 96
名目資本レンタル率 71, 73
名目賃金率 71, 73
名目費用 72
名目付加価値 72
モデルの合成手法 147
モデルの有効性 46, 48, 57, 59, 60, 68, 78〜81, 146〜148

や

有価証券報告書 121

ら

ラグ 8, 18, 21, 22, 29, 39〜44, 112
リアルオプション 49, 146
リアルオプション・アプローチ 8, 11, 12
リアルオプションを用いた残差アプローチ 5, 15, 83, 87, 145
リアルオプションを用いた残差アプローチ・モデル 4, 48, 49, 83〜85, 89, 146
利益 7, 8, 10, 11, 15, 18, 38, 39, 41, 48, 50, 51, 54, 55, 57, 60, 65, 74, 105, 122, 146, 147
利潤関数 72, 76, 78, 79, 82, 146
リスクプレミアム 43, 61, 74
労働 13, 16, 20, 32, 38, 69, 74, 83

わ

WACC	43, 60, 61
割引率	10, 11, 72
割引く	7, 10, 11, 13, 38〜40, 43, 48, 54, 69, 72, 82, 84, 146
割安	67, 90

■著者紹介

山口智弘（やまぐち　ともひろ）

略　歴
1971 年　三重県に生まれる
1994 年　法政大学経営学部経営学科卒業
2003 年　法政大学大学院社会科学研究科経済学専攻修士課程エコノメトリックスプログラム修了
　　　　修士（経済学）
2006 年　東京大学大学院工学系研究科 MOT コース単位取得修了
2006 年　東京大学大学院工学系研究科技術経営戦略学専攻研究生
2017 年　東京工業大学イノベーションマネジメント研究科イノベーション専攻修了 博士（工学）
　　　　山一證券、中央信託銀行、大和証券投資信託委託、三菱 UFJ 信託銀行を経て、
現　在　ビジネス・ブレークスルー大学経営学研究科経営管理専攻助教
　　　　ニッセイアセットマネジメント チーフ・ポートフォリオ・マネジャー

主要論文
Intangible Asset Valuation Model Using Panel Data, *Asia-Pacific Financial Markets*, 21 (2), 175-191, 2014.
「研究開発投資の多角化と収益性」、『研究技術計画』、24 (1)、89–100, 2009.
「リアルオプションを用いた無形資産価値評価モデル」、『非流動性資産の価格付けとリアルオプション／ジャフィージャーナル』、朝倉書店、52–73, 2008.

ファイナンスへの無形資産価値評価モデル（むけいしさんかちひょうか）

2019 年 3 月 30 日　第 1 版第 1 刷発行

　　　著　者　　　　　　　　　　　　　　　　　　　　　　　　　山口智弘
　　　発行所　　　　　　　　　　　　　　　　　　　　　　株式会社 日本評論社
　　　　　　　　　　　　　　　　　　　　　　　〒170-8474 東京都豊島区南大塚 3-12-4
　　　　　　　　　　　　　　　　　　　　　　　　　　　電話　(03) 3987-8621 [販売]
　　　　　　　　　　　　　　　　　　　　　　　　　　　　　 (03) 3987-8601 [編集]
　　　　　　　　　　　　　　　　　　　　　　　　　　https://www.nippyo.co.jp/
　　　　　　　　　　　　　　　　　　　　　　　　　　　　　振替 00100-3-16
　　　印刷所　　　　　　　　　　　　　　　　　　　　　　　　　　三美印刷
　　　製本所　　　　　　　　　　　　　　　　　　　　　　　　　　松岳社
　　　装　幀　　　　　　　　　　　　　　　　　　　　　　　　　　神田程史
　　　検印省略　　　　　　　　　　　　　　　© YAMAGUCHI Tomohiro 2019
　　　ISBN978-4-535-55941-7　　　　　　　　　　　　　　　Printed in Japan

JCOPY　〈(社)出版者著作権管理機構　委託出版物〉
本書の無断複写は著作権法上での例外を除き禁じられています。複写される場合は、そのつど事前に、(社)出版者著作権管理機構（電話 03-5244-5088, FAX 03-5244-5089, e-mail: info@jcopy.or.jp）の許諾を得てください。
また、本書を代行業者等の第三者に依頼してスキャニング等の行為によりデジタル化することは、個人の家庭内の利用であっても、一切認められておりません。